KB206474

태백산 선지식의
영원한 행복

태백산 선지식의 영원한 행복

2020년 5월 15일 초판 1쇄 발행
2020년 5월 25일 초판 2쇄 발행

법문 고우 스님
정리 박희승
발행인 김미숙
편집인 김성동
펴낸곳 도서출판 어의운하
주소 경기도 파주시 월롱면 누현길 94-2 티메카이동 102호
전화 070-4410-8050
팩시밀리 0303-3444-8050

페이스북 https://www.facebook.com/you-think
블러그 https://blog.naver.com/you-think
이메일 you-think@naver.com
출판등록 제406-2018-000137

ISBN 979-11-965609-6-6 03220

태백산 선지식의

영원한 행복

고우 스님 법문 — 박희승 정리

어의운하

책 머리에

태백산 선지식의 인연과
영원한 행복의 길

2002년 한일 월드컵 열기가 뜨거웠던 그해에 나는 간절한 마음으로 선지식을 찾아 나섰다. 몸담고 있던 교단이 세상의 행복에 도움이 되기는커녕 내분과 갈등에 휩싸이니 더 이상 희망이 보이지 않았다. 마지막으로 산중에 선지식을 찾아보고 답이 없으면 진로를 바꿀 생각이었다.

당시 믿던 스님께 선지식을 추천받으니, '태백산 각화사 선원장 고우스님'이 첫손에 꼽혔다. 불원천리하고 찾아가니 환한 미소로 맞아주셨다. 첫 만남에서 6시간 동안 가슴에 담고 있던 의문을 폭포수처럼 쏟아냈는데 스님은 속 시원한 답을 주셨다. '세상에 도인이 있다면 이런 분이겠구나!' 하는 믿음이 생겼다.

그 후로도 노스님은 참으로 지혜의 법문을 주셨다. 특히 "성철 스님『백일법문』을 부지런히 읽어 부처님의 깨달음, 중도연기를 이해해 보라"고 하신 지침을 행하니 그 어렵고 방대한 팔만대장경이 간명하게 중도로 정리되고 마음도 편해졌다. 그래서 다시 찾아뵙고 물었다.

"부처님의 깨달음, 중도는 이해했습니다. 이제 어떻게 할까요?"

"불교는 이해로 안 됩니다. 중도를 화두로 체험하고 생활에서 실천해야 해요. 적명 스님을 찾아가 보세요."

또 다른 선지식 적명 스님을 뵙고 재가 생활인이 참선을 잘할 방도를 일러 주십시오 하니, "하루 5분씩 규칙적으로 매일하라"고 하셨다. 그렇게 하루 5분씩 좌선하던 중 며칠 만에 마음이 환하게 밝아지고 더 편해져 화두 공부에 자신감이 생겼다. 좌선 시간을 조금씩 늘려나가니 좋은 체험이 계속되었고, 한편으로는 신비한 경계가 나타나는 위기도 있었다. 그때 선지식의 지도는 결정적이었다.

그렇게 공부한 지 10년쯤 될 무렵 안국선원의 간화선 집중수련에 참가하여 화두가 앉아 있을 때나 움직일 때나 끊어지지 않는 동정일여動靜一如를 체험하니 공부에 의문이 사라졌다. 마음은 태풍이 지나간 하늘처럼 눈부시게 빛났다. 생사윤회를 벗어나는 영원한 행복을 알려주신 부처님과 역대 조사 선지식들의 고귀한 가르침에 무한한 감동이 일어나면서 이 길을 혼자만이 아니라 주변에 널리 전해야겠다는 원력도 생겨났다.

지금 세상은 물질적으로는 어느 때보다 풍족하나 정신적인 혼돈은 극심한 시대다. 빈부, 갑을, 좌우, 남녀, 노소, 남북 등 양극단의 대립 갈등은 더 깊어가고 평안과 행복의 길은 요원해 보인다. 이 시대에 중도와 화두를 통해 영원한 행복을 알려주신 선지식의 역할이 지중한데 너무 연로하시고 병드시어 더 활동할 수가 없다. 그래서 평소 하신 법문을 정리하여 세상 사람들에게 생로병사의 괴로움에서 벗어나는 영원한 행복의 길을 전해드리고 싶었다. 그동안 빛나는 가르침에 혹 누가 될까 염려도 있지만, 그 업조차 감당하며 보은에 가늠한다.

2020년 5월에

중효 박희승

차례

태백산 선지식의

영원한 행복

영원한
행복을 찾아서

1

누구나 행복을 바란다

사람은 누구나 행복하게 살고 싶지요. 초조하고 불안한 마음, 짜증과 화를 떠나 평화롭고 즐거운 삶을 원합니다. 그런데 우리 삶은 어떤가요? 하루를 어떻게 보내시나요? 아침에 눈 떴을 때 밝은 기분으로 하루를 시작하나요? 일상에서 마주하는 사람과 일에서 늘 기쁨과 행복이 함께 하나요? 하루를 마감하고 잠자리에 들 때 오늘도 보람찬 하루였다는 생각이 드는지요? 아마도 이렇게 매일매일 행복하게 사는 분은 드물 것이라 생각합니다.

요즘 우리나라 사람들의 삶의 현실을 보여주는 통계가 신문에 있데요. OECD(경제협력개발기구) 회원국 통계에 따르면, 우리나라의 자살률이 가장 높답니다. 또, 이혼율도 그렇고요. 그만큼 우리 국민들의 삶이 힘들다는 증거가 아닐까요? 매우 안타까운 일입니다. 또 다른 자료에는 우리나라 국민의 노동시간과 알콜 소비량도 세계 최고라 하더군요. 삶이 힘드니 자살과 이혼이 늘어나는 것이고, 삶이 고달프니 술로 위안 받으려는 것이죠.

누구나 행복을 바라는데 왜 행복을 누리지 못할까요? 과연 어떻게 하는 것이 행복하게 사는 길일까요?

세속적 행복의 한계

우리는 자본주의 사회에 살고 있습니다. 자본 즉 돈이 중심인 사회이니 흔히 '돈이 최고'라는 가치가 우리를 지배합니다. 돈이 있어야 좋은 교육을 받고, 더 나은 직장과 결혼, 그리고 집도 구할 수 있지요. 심지어 돈이 있으면, 외모도 바꿀 수 있는 세상이 되었습니다. 이렇듯 자본주의 사회제도에서는 사람들이 돈을 더 많이 갖기 위해 좋은 학교와 직장, 그리고 권력과 지위를 추구합니다.

그러나 돈이나 권력, 지위가 행복을 보장하는 것은 아닙니다. 어떤 사람은 돈이 없어 불행하지만, 어떤 이는 돈 때문에 불행해지기도 합니다. 가령 우리 주변에 흔히 보듯이 부모의 유산 때문에 가족이 갈등하다 법정 다툼까지 가는 것을 봅니다. 또 어떤 사람은 부정한 방법으로 돈을 가지려다 감옥까지 가서 더 불행해지는 것을 봅니다. 권력도 그렇습니다. 바르게 잘 사용하면 많은 사람에게 이익을 주고 자신도 복을 누리지만, 잘못 사용하면 스스로 불행해지고 남에게도 큰 피해를 주지요. 우리나라의 최고 권력자인 역대 대통령들도 크고 작은 불행을 겪었습니다. 이런 사례를 보면, 돈이나 권력이 반드시 행복을 보장해주는 것이 아님을 알 수 있습니다.

석가모니 부처님의 삶 또한 이를 증명합니다. 부처님은 2600년 전 인도 석가족 국가의 왕자로 태어났습니다. 왕자이니 만큼 부귀영화가 보장되어 있었습니다. 그러나 왕자인 싯다르타는 인간이 아무리 고귀한 신분이라도 생로병사生老病死의 고통을 해결하지 못한다는 것, 또 이웃이 행복하지 않고 홀로 행복해질 수 없다는 것을 알고 영원한 행복을 찾아 출가했습니다. 즉, 세속에서 아무리 부귀영화를 누리더라도 영원히 행복할 수 없다는 것을 알았기 때문에 새로운 길을 찾아 출가한 것입니다.

종교가 말하는 영원한 행복

종교란 말 그대로 궁극적인 가르침입니다. 인간에게 으뜸이 되는 근원적인 가르침이 종교지요. 인류 세계의 수많은 사상과 학문이 있지만 가장 궁극적이고 근원적인 가르침이 종교입니다. 싯다르타뿐만 아니라 모든 사람들이 생로병사의 괴로움을 떠나 영원한 행복을 찾으려 했습니다. 인간이 죽음을 떠나 영생과 궁극적 자유와 행복을 추구하는 것이 바로 종교이지요? 여러 종교에서 말하는 행복의 길은 다양하지만, 종교가 추구하는 것은 결국 영원한 행복입니다. 모두 인간의 생로병사 괴로움에서 벗어나 영원한 자유와 행복을 추구한다는 점에서는 같습니다.

이렇듯 모든 종교가 인간의 영원한 행복을 추구하지만 그 방법은 크게 다릅니다. 신이라는 절대자가 인간과 우주를 창조했다고 보는 '신神' 중심의 종교는 인간의 행복을 신에게 찾습니다. 신의 이름이 '하나님'이든 '알라', '브라만'이든 이름은 달라도 절대자는 하나라 보지요. 때로는 이 때문에 다투고 전쟁까지 해왔습니다만, 어쨌든 이러한 신의 종교가 대다수이지요.

예부터 인간이 스스로 나약한 존재라는 것을 느낀 이후 어떤 절대자를 상정해서 그로부터 구원과 안녕을 구하는 가르침은 동서고금에 다 있었습니다. 그러나 기독교나 회교, 힌두교에서는 이를 체계적으로 정립해서 정교한 종교를 만들었지요. 그래서 "믿으라 그러면 구원 받으리라!", "믿는 자에게 복이 있나니…" 이렇게 말하고 행동합니다.

이와 같은 가르침의 종교는 절대자인 신과 피조물인 인간을 나눠 봅니다. 신이 인간을 창조한 것이죠. 그래서 인간은 절대자 신을 믿어야 구원과 복을 받으니 "믿음 천국, 불신 지옥"이라 말합니다.

불교가 제시하는 영원한 행복의 길

불교도 영원한 행복을 추구하지만, 그 행복을 내 밖

이 아니라 안에서 찾습니다. 신 중심의 이웃종교는 행복을 자기 밖의 신에서 찾는다면, 불교는 자기 안에서 행복을 찾는 것이죠. 즉, 불교는 자기 마음을 깨달으면 누구나 부처가 되어 영원한 행복을 누린다고 말합니다. 이웃종교인 신의 종교는 인간 밖의 절대자 신에게 행복을 구한다면, 불교는 인간이 스스로 무한한 지혜와 능력을 다 갖추고 있으니 자기 안에서 영원한 행복을 찾을 수 있다고 봅니다. 이것이 불교의 특색입니다. 불교는 다른 종교와 달리 인간 스스로 영원한 행복을 찾아 누릴 수 있다고 봅니다. 이것은 세계 여러 종교 중 불교만의 특징이라 할 수 있습니다.

스스로 영원한 행복을 찾은 사람, 붓다

불교는 인도 석가족의 싯다르타가 정립한 종교지요. 그는 세속적인 행복이 보장된 왕자의 지위를 버리고 인간이면 누구나 겪는 생로병사의 괴로움을 벗어나 영원한 행복을 성취한 최초의 인간입니다. 깨치기 전에는 싯다르타였지만, 깨닫고 난 다음에는 '깨달은 자'라는 뜻의 부처님(붓다)이 되었습니다. '석가모니 부처'할 때 '석가釋迦'는 인도 샤카(Śākya)족의 이름이고, 모니(muni)는 '성인聖人'이라는 뜻이며, 부처는 '깨달은 자'라는 붓다(Buddha)를 음사한 우리 말입니다. 즉

'석가족의 성인 깨달은 자'란 이름이죠. 그래서 불교의 영원한 행복은 석가모니 부처님이 처음 열어 보였습니다. 불교는 자기 밖의 절대자(신)에 의지하지 않고 인간이 스스로 영원한 행복을 성취한 최초의 종교입니다. 불교는 인간이 누구나 찾는 영원한 행복, 즉 생로병사의 괴로움을 해탈하는 길(道)은 바로 자기 안에 있다고 말합니다. 그래서 성철 스님은 이렇게 설했지요.

"자기를 바로 봅시다.
모든 진리는 자기 속에 구비되어 있습니다.
자기 밖에서 진리를 구하면,
이는 바다 밖에서 물을 구함과 같습니다."

부처는
누구인가?

2

인간은 자기 스스로 온갖 괴로움을 떠나 영원한 행복을 누릴 수 있습니다. 인류 역사에서 가장 먼저 이 길을 발견한 분이 부처님이 된 싯다르타 태자입니다. 그래서 우리도 영원히 행복하게 살려면 부처님이 어떤 분인지? 어떻게 공부했고, 뭘 깨달았는지 잘 알아야 합니다.

싯다르타 태자의 탄생

기원 전 6세기에 인도 북부 지역에는 크고 작은 부족국가가 16개나 있었답니다. 부처님이 태어난 석가족도 그런 나라 중 하나였어요. 석가족은 여러 가문들이 돌아가며 통치했답니다. 부처님의 아버지인 숫도다나(淨飯王)는 마침 부처님이 태어날 무렵 석가족의 왕이었지요. 숫도다나는 무예가 출중한 무사로 부자여서 많은 토지와 하인들을 거느리고 있었습니다. 기록에 의하면, 그는 많은 토지를 경작하기 위해 1천 개의 쟁기를 가지고 대저택에서 아주 호화로운 생활을 했다고 합니다.

고타마 싯다르타는 이와같이 부유한 무사계급으로 왕이 된 숫도다나와 왕비 마야 부인 사이에서 태어났지요. 왕은 결혼하여 오랫동안 자식을 낳지 못하다 뒤늦게 왕자가 태어나 매우 기뻤습니다. 왕자가 태어난

5일째에 이름을 '목적을 달성하는 자'라는 싯다르타 (Siddhartha)로 지었어요. 싯다르타의 조상들은 대대로 고타마(Gautama, 가장 훌륭한 소)라는 성을 썼으니 고타마 싯다르타라는 이름을 받은 것이죠.

그런데 싯다르타가 태어난 지 7일 만에 왕비 마야 부인이 갑자기 숨을 거둡니다. 아주 슬픈 일이었지요. 그래서 싯다르타는 이모가 키웁니다.

싯다르타는 8살 때부터 교육을 받기 시작했어요. 왕자였으니 제왕학을 배웠지요. 나라 안에 최고의 학식과 덕망을 가진 분들을 초빙해서 스승으로 삼아 학문을 배웠고, 또 무예도 익혔습니다. 총명했던 싯다르타 왕자는 훌륭한 스승들로부터 모든 가르침을 배워 학문과 인격을 닦고 무예까지 출중했습니다.

석가족은 파종제라는 풍속이 있었답니다. 논과 밭에 씨앗을 뿌리며 풍년을 기원하는 의식이지요. 파종제 날에는 석가족의 모든 젊은이들이 논밭에 나가 쟁기질하며 씨앗을 뿌렸는데 싯다르타 왕자도 같이 했습니다. 싯다르타는 왕자로 학문과 무술을 익혔지만, 육체 노동을 신성하게 보았습니다.

청소년기에 명상을 좋아하다

싯다르타는 소년 시절부터 명상을 좋아했답니다. 당

시 인도에는 명상이 발달하여 여러 명상법이 행해졌는데 싯다르타는 조용한 곳에 앉아 명상하는 것을 좋아했어요. 부왕은 왕자가 무술을 닦고 사냥하길 바랐지만, 왕자가 사냥을 멀리하고 명상을 좋아하자 걱정하기 시작합니다.

당시 인도의 무사계급인 크샤트리야는 전쟁에서 이기기 위해 늘 사냥을 통해 무술을 연마했기에 사냥은 매우 중요한 생존 기술이었는데, 왕자가 이를 피하고 고요한 곳에서 명상을 즐겨 많이 걱정되었지요. 부왕과 친구들이 사냥을 권하자 싯다르타는 이렇게 답합니다.

"나는 죄 없는 동물을 죽이는 것이 옳지 않다고 생각합니다. 나는 내 자신이 행복해지기를 바라고, 내 동족이 행복해지기를 바라며, 생명 가진 모든 동물들이 행복해지기를 바랍니다."

부왕이 또 묻습니다.

"그럼 전쟁이 일어나 싸워야 할 때 어떻게 나라를 지키느냐?"

왕자는 이렇게 답해요.

"이웃 나라 사람들과도 서로 존중하고 사랑한다면 싸우지 않고도 나라를 보호할 수 있습니다."

이처럼 싯다르타는 무술과 사냥보다 평화와 명상을 좋아했고, 명상을 통해 동정심과 자비 정신을 키우는 것이 더 평화롭게 사는 길이라 생각했습니다.

싯다르타가 17세가 되자 부왕은 결혼을 서두릅니다. 마침 좋은 가문에 훌륭한 품성과 미모를 갖춘 '야소다라'는 아가씨와 결혼하게 됩니다. 부왕은 왕자가 늘 명상을 좋아하고 사냥을 싫어하니 걱정이었는데, 이제 결혼하여 가정을 이루면 좋아지리라 생각했습니다. 그래서 부왕은 왕자를 위해 큰 저택을 짓고 온갖 화려한 장식과 보물로 치장하여 부귀영화를 누릴 수 있도록 만들어 주었습니다.

생로병사의 괴로움을 보고 출가를 고민하다

어느 날 싯다르타는 성을 돌아보다 늙은이와 병든 사람, 그리고 시신을 차례로 보았습니다. 생명을 고귀하게 생각하던 싯다르타는 늙음과 병, 그리고 장례 행렬을 보고는 큰 충격을 받았습니다.

사람은 왜 태어나 늙고 병들며 죽어 어디로 가는 것인가? 어째서 인간은 생로병사의 괴로움을 받아야 하는가? 죽지 않고 영원히 사는 길은 없는가? 싯다르타의 이런 근원적인 의문에 스승을 비롯한 어느 누구도 만족할 답을 주지 못했지요. 그런 의문에 번민하던 중 하루는 북문에서 한 출가 수행자를 만납니다. 그 출가자의 평화로운 모습에 깊은 인상을 받은 싯다르타는 생로병사의 괴로움을 해탈하는 길을 찾기 위해 출가를 고민합니다.

왕자가 출가를 고뇌한다는 사실을 부왕도 알게 되지요. 부왕은 왕자의 출가를 막기 위한 방책으로 싯다르타를 세속적인 쾌락에 빠지게 합니다. 빼어난 미인과 맛있는 음식과 술로 싯다르타가 향락에 젖도록 하지요. 미녀들은 애욕에 들떠 갖은 수단과 방법으로 싯다르타를 유혹합니다.

그러나 싯다르타는 뛰어난 자제력으로 들뜨지도 웃지도 않아요. 기름진 음식과 빼어난 미인들의 고혹적인 유혹에도 왕자는 평소와 같이 평온한 마음으로 사색에 잠겼습니다. 결국 세속의 향락에 빠지게 하여 싯다르타를 붙잡으려던 부왕의 계획은 수포로 돌아갔어요. 싯다르타는 여전히 출가를 고뇌합니다. 이때 뜻밖의 사건이 일어납니다.

싯다르타의
고뇌와 출가

3

부처님의 출가에 대한 새로운 해석

부처님은 생로병사의 괴로움을 해결하려고 출가했다고 알려져 있습니다. 경전도 그렇고, 불교학자들의 연구도 그렇게 받아들여져 왔지요. 그런데 현대 인도가 낳은 위대한 사회개혁가이자 정치가, 교육가로 인도의 불교 부흥을 이끌었던 암베드카르(1891~1956) 박사는 다른 의견을 제시합니다. 그는 인도 헌법을 기초한 제헌의원과 네루정부의 초대 법무장관을 지낸 분입니다. 암베드카르는 인도 카스트계급의 불가촉천민 출신인데 미국과 영국 등에서 공부해 법률전문가가 되어 귀국한 뒤 간디와 함께 인도 독립운동에 투신했습니다. 그러나 간디와 카스트제도 문제를 두고 의견 차이를 보여 스스로 불가촉천민 중심의 정당을 조직합니다. 1956년에는 힌두교도 50만 명과 함께 불교로 개종을 선언하고 불교 부흥 운동을 합니다.

이 암베드카르가 쓴 『붓다와 그의 가르침(the buddha and his dhamma)』에 따르면, 부처님의 출가를 일종의 사회적 망명으로 봐요. 이 견해가 매우 의미가 있어 간단히 소개합니다.

싯다르타의 석가족은 20세 성년이 되면 모든 젊은이들이 상가(公會)에 가입했답니다. 상가는 부족의 대사를 의논하여 결정했는데 싯다르타가 상가 회원으로 가입한 뒤 8년이 지나 나라에 큰일이 일어납니다.

석가족은 강을 경계로 콜리야국과 이웃으로 지내며 그 강물을 농업 용수로 이용하였습니다. 그러다 보니 강물 사용권을 놓고 늘 갈등이 일어났어요. 싯다르타 태자가 28세 되던 해에 두 나라의 농부들이 크게 충돌했답니다. 그러자 두 나라는 전쟁을 하더라도 이번에는 끝장내자는 험악한 분위기로 갑니다. 그래서 석가족 군사령관이 전쟁 선포를 위해 상가를 소집합니다.

소집된 상가에서 사령관은 콜리야족이 먼저 공격했고, 그것은 어제오늘 일이 아니니 이번 기회에 전쟁을 해서 결판을 내자고 제안합니다. 그때 싯다르타 태자가 말하지요. 전쟁으로는 어떤 문제도 해결하지 못하고, 또다른 분쟁의 씨앗을 뿌릴 뿐이다. 우선 양쪽에서 각각 대표를 뽑아 어느 쪽이 잘못했는지 조사할 것을 제안합니다.

그러나 상가에서 태자의 제안은 부결되고, 전쟁 선포안이 가결됩니다. 석가족 상가법에 따르면 젊은 무사 계급은 반드시 전쟁에 참가해야 합니다. 이때 싯다르타는 번민에 휩싸이지요.

'나는 전쟁에 반대한다. 그러나 전쟁은 상가가 결정한 것이니, 만약 내가 전쟁에 참가하지 않으면 상가는 나를 추방하고 가족의 재산까지 몰수할 것이다. 어떻게 해야 하나?'

태자는 깊고 깊은 고민 끝에 상가의 결의를 존중하고 가족도 지키는 방안으로 자신의 출가를 결심하고 사령관에게 말합니다.

"나는 출가하여 이 나라를 떠나겠습니다."

군사령관도 태자의 출가가 좋은 해결책이라 동의했습니다. 그리하여 태자는 평소 고뇌하던 출가를 결행하게 됩니다. 남편의 출가를 대하는 야소다라는 이렇게 말합니다.

"전쟁을 반대하는 당신의 결정은 옳습니다. 저도 당신을 지지합니다. 당신을 따라 출가하고 싶지만, 아기 라훌라가 있으니 같이 갈 수는 없습니다. 부모님과 아기는 잘 보살피겠습니다. 제가 바라는 것은 사랑하는 가족을 두고 떠나는 당신이 부디 이 세상의 모든 이들에게 영원한 평화와 행복의 길을 찾아 달라는 것입니다."

싯다르타는 아내의 말에 더 큰 용기와 마음의 위안을 얻고 마지막으로 아기 라훌라를 보고 마침내 집을 떠납니다. 이때 싯다르타의 나이는 29세였다고 합니다.

암베드카르의 이 기록으로 본다면, 싯다르타 태자의 출가는 단순한 한 개인이 생로병사의 고통만으로 출가한 것은 아니지요. 국가와 국가 사이의 전쟁이라는 갈등으로 인하여 망명한 것입니다. 물론 평소 싯다르타는 영원한 행복의 길을 찾고 있었습니다. 여기에 밖으로 국가 사이의 전쟁에 반대하고 평화와 가족의 안위를 지키려는 동기도 중요한 것이죠. 그러므로 싯다르타의 출가는 한 개인이 진리를 찾기 위한 행동이면서도 사회적 갈등을 해결하려는 결단으로도 이해하는 것이 바른 견해라 생각합니다.

평화의 소식과 출가의 재검토

싯다르타는 출가하여 마가다국 수도 라자그리하(王舍城)로 갑니다. 당시 마가다국은 강대국이었고, 왕사성은 인도 북부지역의 사상과 문화 중심지였어요. 석가족 왕자 싯다르타가 출가해서 왕사성으로 왔다는 소식은 석가족과 우호적인 관계였던 빔비사라왕에게 전해졌는데 그는 젊은 왕자의 돌연한 출가가 놀랍고 궁금했지요. 그래서 직접 싯다르타를 찾아가 대화합니다.

"나는 오래 전부터 스님 가족에 친밀감을 가지고 있습니다. 석가족의 젊고 준수한 인물의 왕자가 어째서 가족과 왕국을 버리고 스님이 되셨습니까? 부모님의 왕국을 물려받지 않으신다면 내 왕국의 절반을 가지십시오. 만약 석가족의 자존심 때문에 내 제안을 거절하신다면 나는 석가족과 동맹해 콜리야족을 쳐부수겠습니다. 부디 나의 우정 어린 호의를 받아주십시오"

싯다르타는 이렇게 답합니다.

"왕께서 주신 제안은 순수한 우정과 아량에서 나온 것이라 생각합니다. 저도 순수한 마음으로 말씀 드리겠습니다. 왕은 책무가 큰 만큼 그 고뇌 또한 큽니다. 왕은 수많은 어려운 일을 해결해야 합니다. 왕은 비운의 존재입니다. 자신의 왕권에 확신을 가져도 그것을 언제 빼앗길지 모르는 일입니다. 온 세상을 정복한 대왕도 사는 곳은 한 마을, 한 집, 한 침대, 한 의자만 있으면 충분합니다. 쾌락은 찰나고, 사치품과 장식은 오만과 허영에서 비롯된 것이죠. 만약 이 모든 것들이 만족을 위한 것이라면, 왕국이 없더라도 쾌락과 사치품이 없더라도 만족할 수 있습니다. 저는 왕국이 없어도 만족할 수 있습니다. 만족을 얻은 사람은 다른 사치품이나 쾌락은 필요하지 않지요. 또 저와 같이 보시로 살아가는 사람은 불쌍한 사람이 아닙니다. 저는 만족과 행복, 그리고 마음의 평안이 있으니 저에게 슬픔이란 없습니다. 온 백성을 부리고 억만금을 가진 왕일지라도 마음의 평안을 얻지 못하면 두고두고 괴로울 것입니다. 제가 출가한 이유는 화가 나서도 아니고, 왕권을 빼앗겼기 때문도 아닙니다. 다만 이 세상의 다툼으로 상처받았기 때문이니 저는 왕의 제안을 받지 않겠습니다."

빔비사라왕은 싯다르타의 말에 크게 감동하고는 이렇게 말합니다.

"만약 스님께서 출가의 뜻을 이루면 꼭 다시 나에게 와주시오."

이렇게 출가의 뜻이 확고했던 싯다르타에게 뜻밖의 소식이 들립니다.

싯다르타의
구도와 고행

4

태자가 홀연히 출가한 뒤 석가족에는 전쟁을 반대하는 큰 시위가 일어났답니다. 석가족의 많은 사람들이 전쟁을 반대하고 평화적인 사태 해결을 촉구했습니다. 이에 석가족 상가는 다시 회의한 결과 전쟁을 하기 전에 먼저 대표단을 선출하여 협상을 해보기로 결정합니다. 대표단이 콜리야족과 협상하니 평화적으로 해결하기로 합니다. 이리하여 전쟁의 공포는 사라지고 평화를 되찾았습니다.

싯다르타도 이 소식을 듣고 다시 고민합니다. 자신이 출가한 중요 동기 중 하나가 해결되었으니 가족과 부족에게 돌아갈 것인가? 아니면 인간의 생로병사와 갈등과 전쟁을 근본적으로 해결할 대안을 찾아 계속 정진할 것인가?

싯다르타의 고민은 곧 끝납니다. 비록 석가족의 전쟁 위기가 평화로 끝났지만, 언제든지 갈등과 전쟁은 다시 일어날 수 있습니다. 전쟁은 갈등의 일부이고, 전쟁보다 오히려 갈등이 더 많지요. 국가, 민족, 인종, 계층, 종교, 심지어 부부와 형제 등 가족 사이에도 갈등은 늘 있습니다. 또한 인간의 생로병사라는 근원적인 문제도 아직 해결책을 찾지 못했습니다. 싯다르타는 확실한 대안을 찾을 때까지 구도행을 계속하기로 결심합니다. 이러한 문제에 대한 답을 구하기 위해 당대 최고 사상가들을 찾아가기로 하고 길을 떠납니다.

싯다르타의 외도外道 수행

당시 인도에는 수많은 사상가들이 있었습니다. 그중에서도 두 사람이 유명했는데 바로 알라라 깔라마와 웃다까 라마뿟따입니다. 두 사람은 오랜 명상을 통해 높은 경지에 이르러 많은 사람들의 존경을 받았으며, 많은 제자들과 함께 사원에서 명상하고 있었습니다.

싯다르타는 먼저 알라라 깔라마를 찾아가서 물었습니다.

"당신은 무엇을 가르칩니까?"

"고통스러운 윤회에서 벗어나는 지혜를 가르칩니다."

"저도 가르침을 받아 지혜를 얻어 고통에서 벗어나고 싶습니다."

"내가 터득한 지혜의 최고 경지는 무소유처정無所有處定입니다. 계행을 지키고 조용한 곳에서 선정을 닦으면 도달할 수 있습니다."

싯다르타는 스승의 지도를 받아 열심히 선정을 닦아 멀지 않아 그 경지에 도달합니다. 무소유처의 선정에 들면 모든 번뇌가 사라져 마음이 고요하고 평안해졌습니다. 그러나 싯다르타는 스스로 살펴보니 뭔가 부족함을 느꼈습니다. 선정에 들면 마음이 평안해졌지만, 깨어나면 여전히 번뇌가 일어나 초조와 불안이 찾아왔습니다. 그래서 스승에게 묻습니다.

"저는 스승님이 가르친 선정을 체험했습니다. 그런데 제 안에는 아직도 생로병사의 괴로움은 그대로 있습니다. 스승님께서는 더 가르쳐 주실 것이 없는지요?"

"이것이 내가 도달한 최고의 경지입니다. 그대와 같은 수행자를 만난다는 것은 행운입니다. 우리 같이 교단을 이끌어 나갑시다."

그러나 싯다르타는 알라라 깔라마에게는 더이상 배울 것이 없다 판단하고 그 제안을 사양하며 떠납니다. 그리고는 다른 유명한 사상가인 웃다까 라마뿟따를 찾아갑니다.

"당신은 무엇을 가르치십니까?"

"나는 모든 고통의 해탈을 가르칩니다. 해탈이란 생각이 있는 것도 아니고 없는 것도 아닌 경지인 비상비비상처정非想非非想處定을 말합니다."

싯다르타는 그의 가르침대로 열심히 수행하자 오래지 않아 비상비비상처정을 체험하였습니다. 그러나 여전히 마음에 완전한 평화가 오지 않았습니다. 그래서 스승에게 묻습니다.

"더 높은 경지는 없습니까?"

"이것보다 더 높은 깨달음은 없습니다. 이것이 완전한 깨달음이고 해탈입니다."

"스승님께서 말씀하시는 생각이 있는 것도 아니고 없는 것도 아닌 경지에 '나'가 있습니까? 없습니까? 만약 '내가 없다'면 아무 말도 할 수 없어야 합니다. 또 '내가 있다'면 그건 여전히 분별하는 것입니다. 그렇다고 분별이 전혀 없다고 한다면 그 사람은 목석과 같은 존재일 겁니다. 그러니 분별이 있다면 아직 번뇌에 물들어 있음이니 해탈이라 할 수 있겠습니까?"

싯다르타의 예리한 질문에 스승은 답을 하지 못하다가 마침내 이렇게 말합니다.

"내가 도달한 최고 선정과 지혜는 이것뿐입니다. 그대의 지혜는 참으로 놀랍군요. 이 교단을 함께 이끌어 갑시다."

그러나 싯다르타는 여기에도 머물 수가 없었지요. 그는 영원한 해탈을 원했으니까요.

"당신은 거친 번뇌는 끊었지만 미세한 번뇌가 남아 있습니다. 그런데도 다 해결했다고 스스로 만족하고 있습니다. 하지만 미세한 번뇌는 다시 자라나 고통을 받게 될 것입니다. '나'라는 관념을 완전히 없애야만 진정한 해탈이라 할 수 있습니다."

이렇게 말하고 싯다르타는 스승을 떠나 새로운 길을 찾아 나섭니다.

고행하다

당시 인도 사상계에는 고행苦行을 통하여 진리를 깨

치려는 고행주의자들이 있었습니다. 싯다르타도 이 흐름에 합류하여 함께 고행을 시작합니다. 고행주의는 몸을 혹독하게 단련하면 정신이 해탈한다는 수행입니다. 싯다르타의 고행은 혹독했습니다. 끼니는 걸식으로 시작하여 점차 식사량을 줄여 하루에 한 끼, 이틀에 한 끼 식으로 줄여나가 마침내 보름, 한 달에 겨우 한 끼를 합니다. 또 스스로 몸에 고통을 주려고 몸을 씻지 않아 온몸에 때가 끼고 오물이 붙어 악취가 나기 시작했습니다. 머리카락과 수염도 깎지 않았습니다. 이와 같이 혹독한 고행을 하니 싯다르타의 얼굴은 거의 해골처럼 되었고, 몸은 갈비뼈가 튀어나오고 뱃가죽은 등뼈에 달라붙을 정도가 되었습니다. 싯다르타는 인간이 호흡하면서 할 수 있는 최고의 고행을 체험하였습니다. 초인적인 혹독한 고행을 무려 6년이나 하였지만, 목숨만 위태로워질 뿐 여전히 번뇌와 괴로움은 완전히 사라지지 않았습니다. 싯다르타는 이 고행조차 영원한 행복의 길이 아님을 깨닫고 마침내 고행을 중단합니다. 이제 싯다르타는 다시 영원한 행복의 길을 찾기로 합니다.

중도를 깨치고
영원한 행복을 발견하다

고요히 명상에 들어 중도를 깨치다

오랜 고행을 중단한 싯다르타는 먼저 허기진 배를 채워야 했지요. 수자타라는 여성을 만나 우유죽을 얻어먹고, 강으로 가서 목욕을 합니다. 같이 고행하던 수행자들은 이 모습을 보고 싯다르타가 타락했다고 실망하여 떠나 버립니다. 싯다르타는 기운을 차리고 혼자서 붓다가야의 숲으로 가서 적당한 수행처를 찾습니다. 마침 큰 보리수나무를 발견하고 그 아래에 앉아 스스로 맹세하지요.

'완전한 깨달음을 얻을 때까지 이 자리를 뜨지 않으리라.'

굳센 각오로 싯다르타는 명상에 들었습니다. 처음 명상에 드니 온갖 애욕과 고뇌의 망념이 일어났습니다. 그런데 그 망념을 자세히 살펴보니 모두 실체가 없는 허망한 것이었습니다. 명상을 계속해서 그 망념을 비우니 마음이 고요해지면서 밝아졌습니다.

번뇌가 사라진 마음에는 삼매三昧의 즐거움이 일어났습니다. 그런데 그 즐거움조차 실체가 없다는 것을 알아 집착을 떠나니 즐겁지도 않고 괴롭지도 않는 상태가 되었습니다. 그것은 깊은 선정 삼매였습니다. 그 자리는 어떤 번뇌도 일어나지 않아 고요하고 편안하면서도 밝게 빛났습니다.

선정 삼매가 지속되고 캄캄한 밤을 지나 새벽 밤하늘에 빛나는 별을 보았습니다. 그 순간 지혜의 빛이 마치 하늘에 백천 개의 태양이 빛나는 것처럼 온 천하의 어둠을 밝혔습니다. 마침내 싯다르타는 완전한 깨달음을 성취하여 생로병사의 괴로움에서 벗어나 영원한 행복을 성취합니다. 더 깨달을 것이 없는 바르고 평등한 깨달음(無上正等覺)을 이룹니다. 싯다르타는 드디어 번뇌의 불을 완전히 소멸시킨 열반에 이르러 깨달은 자, 붓다(부처)가 되었습니다. 이때가 싯다르타의 나이 35세였습니다.

중생이 본래부처임을 깨치다

붓다가 된 싯다르타는 그 자리에서 며칠 동안 해탈의 즐거움을 누렸습니다. 그리고 스스로 감탄하며 이렇게 말합니다.

"기이하고 기이하구나! 일체중생이 모두 여래와 같은 지혜와 덕상德相이 있는데 분별망상으로 깨치지 못하는구나!"

-『화엄경』

부처님의 이 말씀은 우리 인류에게 매우 귀중한 교

훈을 줍니다. 부처님도 깨치기 전에는 어리석은 중생이 열심히 수행해서 깨달아야 부처가 된다고 생각했지요. 그런데 깨치고 보니 우리 중생이 본래 부처님과 똑같은 지혜와 능력이 있는데 단지 분별망상分別妄想에 가려져 알지 못할 뿐이란 것입니다. 그동안 우리 스스로 어리석은 중생이라 생각했던 것이 착각이었고, 본래는 부처님처럼 무한한 지혜와 능력을 우리 안에 이미 다 갖추었다는 겁니다.

성철 스님은 『백일법문』에서 "부처님께서 인류에게 주신 이 한 말씀은 인류 역사상 가장 위대한 공헌"이라 높이 평하지요. 그동안 인간은 홍수나 태풍, 지진 등 큰 재해나 흉년, 전쟁 같은 것이 일어나면 초조하고 불안했지요. 그래서 인간 스스로 '신神'이라는 절대자를 만들어 그에 의지하여 고통을 해결하고자 했습니다. 그 신의 이름은 '하나님'이나 '알라'나 '브라만' 등 다 다르지만, 그들은 전지전능한 절대자로 인간이 아니라는 것은 똑같습니다. 그런데 부처님께서 깨닫고 보니 모든 중생이 신과 같이 절대적이고 무한한 능력을 다 가지고 있더라는 겁니다. 중생이 자기가 본래부처라는 것을 깨달아 능력만 발휘하면 스스로 절대자가 되어 영원한 대자유와 행복을 성취할 수 있다는 것이죠. 그래서 오늘날 많은 현자들은 부처님의 이 깨달음을 인류 역사상 가장 위대한 대발견이라 칭송합니다.

부처님의 깨달음, 중도대선언

그렇다면 부처님은 무엇을 깨달아 영원한 행복을 성취하였을까요? 부처님이 깨달음을 이룬 뒤에 함께 고행하던 수행자들을 찾아가 처음으로 설법한 것을 초전법륜初轉法輪이라 합니다. 부처님의 첫 설법이니 대단히 중요하지요. 가장 원음에 가깝다는 남방의 팔리어 경전에 기록된 부처님의 첫 설법을 보겠습니다.

"수행자들이여, 세상에 두 가지 극단(兩邊)이 있으니 수행자는 결코 가까이 하지 말아라. 둘은 무엇인가? 하나는 여러 가지 애욕에 빠져 즐기는 것이니, 그것은 열등하고 비천하여 범부의 짓이고 성스럽지 못하고 이익되는 바가 없다. 다른 하나는 스스로를 괴롭히는 짓에 빠져 고통스러워하는 것이니, 그것도 성스럽지 못하고 이익되는 바가 없다.

수행자들이여, 여래는 이 두 가지 극단을 버리고 중도中道를 원만히 잘 깨달았다. 중도는 눈을 뜨게 하고 앎을 일으킨다. 그리고 고요함과 수승한 앎과 바른 깨달음과 열반에 도움이 된다."

-『마하박가(율장)』

부처님은 세속적인 쾌락과 고행의 두 극단을 버리고 중도中道를 깨달았습니다. 부처님은 중도를 깨달아 영원한 행복을 성취하였다고 선언합니다. 이것을 '중도대선언中道大宣言'이라 합니다. 인간이면 누구든지 중도를 깨달으면 영원한 대자유와 행복을 성취할 수 있다고 부처님께서는 말씀하십니다. 이것이 불교의 출발입니다. 싯다르타 왕자가 출가하여 중도를 깨달아 생로병사의 괴로움에서 해탈하여 영원한 행복의 길을 열어 보인 것이 바로 불교佛敎입니다. 불교는 내 밖의 절대자에게 구원을 의지하는 다른 종교와 달리 인간이 스스로 중도를 깨치면 생로병사의 괴로움에서 벗어나 영원한 행복을 누린다는 것입니다.

부처님의 첫 설법 중도대선언을 들은 콘단냐(교진여) 등 다섯 수행자들은 며칠 사이에 다 깨칩니다. 제일 먼저 깨친 콘단냐도 그렇고, 나머지 네 수행자도 부처님의 설법을 듣고 확철대오하고 중도법을 말합니다.

그러자 부처님께선 "여기 여섯 아라한阿羅漢이 있다"고 합니다. 다섯 수행자도 부처님과 똑같이 깨달았다는 것을 인정한 것이죠. 불교의 수많은 아라한과 조사스님들은 다 부처님처럼 중도를 깨친 분들입니다. 방대한 팔만대장경과 불교의 다양한 가르침도 근본은 중도입니다. 가장 오랜 초기 경전으로 알려진 『숫타니파타』에서 부처님은 중도를 이렇게 말합니다.

"양 극단에 집착하지도 않고 중간에도 집착하지 않는다."

부처님이 깨친 중도中道는 흔히 가운데 즉, 중간으로 오해하기 쉽습니다. 그러나 부처님이 깨친 중도는 가운데가 아닙니다. 양 극단도 아니지만, 가운데도 아니면서 양 극단과 가운데도 아우르는 것을 중도라 합니다.

부처님은 중도를 깨달아 생로병사의 괴로움을 벗어나 영원한 행복을 성취하고 그 길을 제시합니다. 불교는 절대자인 신의 계시나 은총에 의한 구원이 아니며, 유교처럼 사서삼경의 지식을 쌓고 그것을 실천하는 종교가 아닙니다. 불교는 인간이 누구나 생로병사를 해탈하여 영원한 대자유와 행복을 누리는 길을 제시합니다. 불교는 중도의 깨달음을 통하여 절대적이고 완전한 인간인 부처가 되는 길입니다.

부처님은 중도를 깨치고 난 뒤 부귀영화가 보장된 왕궁으로 돌아가지 않고, 평생 걸식과 무소유의 수행 공동체를 만들어 전법 교화하시다 입적하셨습니다. 영원한 행복은 세속의 권력과 재산이 아니라, 오직 자기 마음을 바로 깨칠 때 누릴 수 있다는 것을 알았기 때문입니다.

중도란 무엇인가?

6

싯다르타가 깨달은 중도란 무엇일까요? 초기 경전인 『율장』과 『초전법륜경』, 『중아함경』 등에서 부처님은 당신이 깨친 중도는 곧 팔정도라 합니다.

특히 팔리어 경전인 『맛지마니까야』(초기불전연구원 역) 「법의 상속자 경」에 부처님 제자 사리불은 중도를 이렇게 설명합니다.

"도반이여, 여기 탐욕도 나쁘고, 성냄도 나쁩니다. 탐욕도 버리고 성냄도 버리기 위해 중도中道가 있습니다. 그것은 안목을 만들고 지혜를 만들며, 고요함으로 인도하고, 최상의 지혜로 인도하고, 바른 깨달음으로 인도하고, 열반으로 인도합니다. 도반들이여, 그럼 무엇이 안목을 만들고 지혜를 만들며, 고요함으로 인도하고, 최상의 지혜로 인도하고, 바른 깨달음으로 인도하고, 열반으로 인도하는 중도입니까? 그것은 바로 이 성스러운 팔정도八正道이니, 즉 바른 견해, 바른 사유, 바른 말, 바른 행위, 바른 생계, 바른 정진, 바른 생각, 바른 선정입니다. 도반들이여, 이것이 중도이니, 그것은 안목을 만들고 지혜를 만들며, 고요함으로 인도하고, 최상의 지혜로 인도하고, 바른 깨달음으로 인도하고, 열반으로 인도합니다."

중도는 탐욕과 화를 버리고 지혜로운 안목을 열어

줍니다. 최상의 지혜로 영원한 행복으로 안내합니다. 부처님 제자 중 지혜제일 사리불 존자는 경전에서 부처님과 똑같이 중도가 곧 팔정도라고 합니다.

중도는 팔정도

그렇다면 중도인 팔정도八正道란 무엇일까요? 팔정도는 말 그대로 '여덟 가지 바른 길'입니다.

팔정도는 먼저 정견正見으로 시작합니다. 정견이란 바른 견해, 바른 안목입니다. 즉, 불교의 바른 세계관과 가치관입니다. 불교의 바른 세계관은 우주 만물이 모두 서로서로 의지하여 존재한다는 연기를 말하며, 바른 가치관은 중도의 눈으로 쾌락과 고행의 양변兩邊을 떠나 어디에도 집착하지 않는 지혜智慧를 말합니다. 곧 중도의 가치관과 세계관이 정견이고, 지혜입니다.

팔정도가 다 중요하지만, 가장 중요한 것은 맨 앞에 나오는 정견입니다. 정견이 서야 뒤에 일곱 가지가 됩니다. 정견이 서지 않으면 어리석음과 괴로움에서 벗어날 수가 없습니다. 어떤 불교 수행을 하더라도 특히, 화두 참선을 잘하려면 이 정견이 매우 중요합니다.

정견이 서면, 바른 사유(正思惟)를 하게 됩니다. 바른 사유는 양변을 떠난 지혜의 사유를 말합니다. 욕망과 어리석음, 화를 떠나 비움과 지혜, 평상심의 사유이지요. 정견이 서고 바른 사유를 하게 되면 자연스럽게 바른 말(正言)이 나옵니다. 바른 말은 욕심과 화를 떠난 지혜의 말입니다. 나와 남 모두에게 좋은 말이 바른 말입니다. 정견과 바른 사유를 하면 또 바른 행위(正業)가 됩니다. 나를 위한 이기적인 행위가 아니라 나와 남이 모두 이익되는 행동을 하지요. 도덕과 윤리에 맞는 행위가 바른 행위입니다. 바른 생활(正命)은 욕심으로 분수에 맞지 않는 생활을 하거나 어리석음과 게으른 생활을 떠나 도리에 맞는 생활을 말하지요. 바른 정진(正精進)은 생로병사의 괴로움을 벗어나 영원한 자유를 위해 노력하는 것을 말합니다. 나만을 위한 것을 떠나 남을 도와 모두 행복하게 하는 노력입니다. 바른 생각(正念)은 양변을 떠나 중도로 생각하는 것을 말합니다. 어떤 집착과 어리석음도 떠나 늘 지혜롭고 밝으며 깨어 있는 생각이지요. 팔정도의 마지막인 바른 선정(正定)은 바른 집중 상태인 삼매를 말합니다. 이 바른 선정은 '독서 삼매'와 같이 단순한 정신 집중이 아니라 일체의 집착을 떠난 자리에서 지혜가 나오는 '중도삼매'입니다.

중도정견을 세워야 참선이 쉽다

이렇듯 부처님이 깨친 중도는 곧 팔정도이고, 팔정도

는 정견에서 시작하여 바른 선정으로 이어지는 여덟 가지 바른 길입니다.

우리가 생로병사의 괴로움을 벗어나 영원한 행복을 누리려면 중도를 바르게 이해하여 정견正見이 서야 합니다. 부처님이 깨달은 중도를 말과 문자로 이해한 것을 지견知見이라 합니다. 지견은 부처님처럼 중도를 깨치지는 못했지만, 지식으로나마 바르게 이해한 안목을 말합니다. 선문禪門에서는 이 '이해理解'를 '알음알이'라 하여 매우 경계합니다. 화두 참선할 때는 반드시 알음알이를 버려야 하지만, 불교를 공부해서 바른 세계관과 가치관을 세우려면 이해도 필요합니다. 부처님이 깨달은 중도에 대하여 정견을 갖추고 참선을 해야 시행착오도 줄이고 경계에 휘둘리지 않고 바른 수행을 합니다. 참선이 아니라 염불이나 위빠사나 등 다른 어떤 수행을 하더라도 불교에 대한 바른 안목, 정견을 갖추고 해야 합니다.

불교를 바로 알려고 한다면 누구나 중도를 바르게 이해해서 정견을 세워야 합니다. 정견을 세워 세상과 법을 바로 보지 못하면 바른 사유와 바른 말, 바른 깨달음이 불가능합니다. 때문에 불교 공부의 첫걸음은 중도정견을 세우는 것입니다. 중도정견이 서면 신심과 발심은 저절로 나고 화두 참선도 수행도 쉽게 나아갑니다.

지금까지 말씀드린 것을 간단히 정리해 보겠습니다.

불교란 무엇인가? 부처님의 가르침이다.
부처란 누구냐? 깨달은 분이다.
무엇을 깨달았는가? 중도를 깨쳤다.
중도란 무엇인가?
대립하는 양 극단에 집착하지 않고 가운데도 집착
하지 않는 것이다.
중도는 곧 팔정도를 말한다.
팔정도 중에서도 정견이 바로 서야 생로병사의 괴
로움에서 벗어나 영원한 행복을 성취할 수 있다.

중도정견의 안목을 갖춘 사람은 삿된 길은 버리고
남을 돕는 바른 안목으로 지혜와 자비의 삶을 실천하
여 영원한 행복으로 나아갑니다.

중도가 연기다

7

부처님이 깨친 중도의 내용은 연기緣起입니다. 먼저 『잡아함경』에 나오는 아난 존자의 말씀을 보시죠.

"나는 직접 부처님에게 들었는데, 마하 가전연을 가르치시며 말씀하셨다. … 가전연아, 여래는 두 극단을 떠나서 중도를 말하느니라. 이른바 이것이 있으므로 저것이 있고 이것이 생기므로 저것이 생기느니라."

부처님이 열반하시자 어느 수행자가 법에 대하여 궁금하여 부처님을 모신 아난 존자를 찾아가 물었습니다. 아난 존자는 부처님이 설법하신 것을 그대로 말해 줍니다. 세상 사람들은 여러 가지 경계에 집착하고 분별하지만 여래는 양변을 떠나 중도를 말하셨고, '이것이 있으므로 저것이 있고, 이것이 생기므로 저것이 생기느니라' 즉, 연기를 말하셨습니다. 이것이 중요한데 중도가 곧 연기라는 말씀입니다. 그래서 성철 스님도 『백일법문』에서 "중도의 내용이 연기다"라고 하셨어요. 우리도 중도를 제대로 이해하려면 연기도 알아야 합니다. 또 연기를 바로 알아야 중도를 아는 것이고요.

연기란 무엇인가?

부처님이 말씀하시는 연기緣起는 중도, 팔정도, 사성제

와 함께 불교의 근본 교리입니다. 특히 연기는 세상이 어떻게 만들어지고 존재하느냐에 대한 답을 줍니다.

부처님의 연기에 대한 가장 기본적인 말씀은 이렇습니다.

"이것이 있으므로 저것이 있고, 이것이 생겨나므로 저것이 생겨나며, 이것이 없으므로 저것이 없고, 이것이 멸하므로 저것이 멸한다."

-『잡아함경』

연기는 모든 존재가 서로 의지하여 있다는 것입니다. 우주 만물이 서로서로 의지해서 존재한다는 존재 원리를 밝히고 있습니다. 우주 만물에 독립적으로 존재하는 실체는 없습니다. 이것이 진리이며, 법칙과 같은 것입니다. 그래서 부처님은 이렇게 말씀하십니다.

"여래가 세상에 나오거나 나오지 않거나 이것은 정하여져서 법으로 확립되어 있으니, 곧 서로 의지하는 성질이다."

-『상응부경전』

부처님께서는 이 연기법은 누가 만든 것이 아니라 본래 그러하니 당신이 깨닫고 발견한 것일 뿐이라고 합니다. 연기를 불교의 세계관이라 합니다. 누가 불교는 세상을 어떻게 봅니까? 하고 물으면, 이 세상은 연기로 존재한다는 것이 불교의 답입니다. 신을 중심으로 하는 종교는 절대자가 이 세상을 창조했다고 말하지요. 하지만 불교는 누가 창조한 것이 아니라 연기의 진리를 말합니다. 우주 만물은 서로서로 의지하여 존재할 뿐이지 독립된 고정불변하는 실체적 존재는 없다고 봅니다. 이것은 마치 스스로 그렇게 존재하는 자연법칙과도 같은 것입니다.

　얼마 전에 돌아가신 현대 최고의 천체물리학자로 평가받은 스티븐 호킹 박사는 한 인터뷰에서 "이 우주에는 신이 있는 곳을 발견하지 못했다. 이 우주는 자연법칙으로 존재할 뿐이다"고 하더군요. 이것은 불교에서 말하는 세계관과 거의 같습니다.

불교의 연기와 현대 과학

현대 과학에서는 우주 만물의 근원적인 존재를 '힉스 입자(Higgs boson)'라고 하지요. 힉스란 우주 만물에 질량을 부여하는 최소 단위입니다. 이 힉스가 인연에 따라 헤아릴 수 없이 다양한 물질적인 존재로 형상화 되었다 흩어지는 것이 이 우주죠.

　인간의 생로병사나 희로애락의 문제도 연기의 이치

로 보면 '나'라는 존재도 힉스와 세포로 이루어져 있고, 호흡할 때만이 존재합니다. '나'라는 존재가 독립된 실체로서 존재할 수 없습니다. '나'는 산소에 의지해서 존재하며, 산소는 나무와 숲에 의지하며, 나무와 숲은 지수화풍地水火風의 자연에 의지합니다. 그러므로 나는 자연과 우주 삼라만상에 의지하여 존재하지 독립된 실체로서 존재할 수가 없습니다. 만약 내가 독립된 실체라고 한다면 그것은 착각일 뿐이고 사실이 아닙니다. 나는 연기로 존재하니 나는 우주와 분리되어 독립해서 존재할 수 없는 연기의 존재입니다.

그러므로 우리가 생로병사의 괴로움에서 벗어나 영원히 행복하려면 '내가 있다'는 어리석음을 연기의 지혜로 돌려야 합니다. 어두운 무명을 밝은 지혜로 바로 보는 것이 정견이고 깨달음입니다.

지금 이대로 본래 완전하다

이와 같이 자기 자신과 세상 만물이 중도연기로 존재한다는 것을 이해하게 되면 정견이 서게 됩니다. 정견이란 연기로 본다는 말입니다. 연기로 보는 것은 양변으로 보는 것과 전혀 다른 안목이 나옵니다. 즉, '나'라는 존재도 실체가 없는 연기로 존재하고 우주 만물도 본래 연기로 존재할 뿐입니다. 연기로 존재하는 나와 우주 만물은 그대로 완전합니다. 지금 이대로 나는 부족함도 더러움도 없는 본래 완전하고 청정합니다.

우리는 지금 이대로 본래 완전하니 나와 너, 생과 사, 늙음과 죽음, 선과 악, 괴로움과 즐거움도 허망한 분별망상일 뿐, 지금 이 순간, 그대로 밝고 청정한 본래부처입니다. 번뇌와 깨달음도 다 연기이니 '번뇌 즉 보리'가 되고, 중생과 부처가 다 연기이니 '중생이 본래부처'입니다.

생과 사도 마찬가지입니다. 태어남도 연기고 죽음도 연기이니, 삶과 죽음이 둘이 아니라 하나이니, 생사일여生死一如라 합니다. 이 연기를 부처님께선 갈대 묶음이 서로 의지해 서 있는 것으로 비유하여 평등한 관계라고 설명합니다. 연기를 시간의 앞과 뒤, 과거와 현재, 그리고 미래가 있다고 분별하면 내가 있고 시간도 있다는 양변에 떨어져 생사윤회를 받게 됩니다. 그래서 『금강경』에서 부처님은 "과거의 마음도 현재의 마음도 미래의 마음도 얻을 수 없다"고 분별하지 말라고 하셨어요. 또 연기를 아버지와 아들의 관계가 아니라 서로 의지하는 형제 관계로 보아야 바른 지혜가 나옵니다. 연기를 우열이나 높고 낮음의 양변으로 보면 중생이 깨쳐야 부처다, 어린아이가 자라나서 어른이 된다는 시간적인 해석을 하여 분별을 일으킵니다. 이것은 세상 만물이 그대로 본래 완전한 존재로 보지 않고 양변으로 보는 것이죠. 양변이 아닌 정견으로 보면, 어린아이나 어른이나 그대로 사람이고 완전한 존재이고, 중생이나 부처도 사람이고 그대로 본래 완전합니다. 단지 본래부처가 '내가 있다'는 분별심에 집착하여 중생으로 착각하고 있을 뿐입니다.

본래 무한한 지혜와 능력이 있다

이렇게 정견이 서면 어떤 괴로움과 재앙도 쉽게 건널 수 있고, 내가 본래 완전하니 중생이란 착각에서 깨어나 부처로 살겠다는 자신감과 용기가 납니다.

이렇게 연기를 중도로 보는 정견이 서면, 내가 본래 부처이나 중생이란 착각에 빠져 있으니 이 착각만 깨면 본래부처로 돌아간다고 봅니다.

참선은 우리 본래 자리로 돌아가는 것이니 즐겁고 행복한 공부입니다. 중도정견의 공부가 본래부처로 돌아가는데 얼마나 빨랐는가는 『초전법륜경』에 잘 나와 있습니다. 다섯 명의 고행주의자들이 부처님의 중도 법문을 몇 번 듣고 최초로 콘단냐(교진여)가 단박 깨칩니다. 콘단냐에 이어 나머지 네 명의 수행자도 얼마 되지 않아 다 돈오합니다.

우리가 중도연기를 이해해서 세상 만물과 자기를 정견하면 자기가 본래 완전한 존재라는 것에 눈을 뜨고, 이를 가로막는 분별망상을 끝없이 비워나갈 지혜와 용기가 나옵니다. 그래서 중도연기를 이해해서 정견을 세운 수행자는 수행 과정에서도 자유롭고 행복합니다. 물론 완전히 깨쳐야 영원한 행복을 누릴 수 있는 것이지요.

불교의 지혜들

사성제·사법인

8

사성제란 무엇인가?

불교 기본교리 중에 사성제四聖諦가 있습니다. 사성
제는 중도, 팔정도와 같이 부처님이 첫 설법에서 말씀
하신 핵심 교리입니다. '고집멸도苦集滅道'라는 네 가
지 진리를 말하는데 인간의 괴로움(苦)과 괴로움의 원
인인 집착(集), 그리고 괴로움을 없앰(滅)과 없애는 길
(道)를 말합니다. 부처님은 이 사성제로 인간의 괴로
움과 괴로움의 원인을 바로 보아 벗어나는 길을 제시
합니다.

사성제의 고苦는 괴로움을 말합니다. 인간의 가장
근본적인 문제가 생로병사의 괴로움입니다. 부처님
께서는 여기에 네 가지를 더하여 팔고八苦를 말씀하
셨어요. 태어남도 괴로움이고 늙고 병들고 죽는 것도
괴로움이라는 사고四苦에 사랑하는 사람과 헤어져야
하는 괴로움, 미워하는 사람을 만나는 괴로움, 구하여
도 얻지 못하는 괴로움, 나(오온)라는 존재의 괴로움
입니다.

인간이라면 누구도 이 여덟 가지 괴로움에서 벗어
날 수가 없습니다. 부처님은 이 괴로움을 해결하기 위
해 왕자의 자리도 버리고 출가하여 마침내 영원한 행
복의 길을 찾아 우리들에게 알려주신 겁니다. 부처님
은 열반, 즉 영원한 행복은 고집멸도의 사성제를 알고

이를 깨달아 증득하는 것이라 합니다. 다시 말하면 일체의 괴로움은 집착에서 오는 것이니 그 집착을 놓아 버리면, 괴로움에서 벗어나 행복하고 자유롭다는 것입니다.

삼법인이란?

불교의 근본교리 중 하나가 삼법인三法印입니다. 부처님께서 말씀하신 세 가지 진리의 도장(印)이란 뜻이죠. 이 세상에 모든 것이 변한다는 제행무상諸行無常, 모든 것이 변하기에 나라고 할 것이 없다는 제법무아諸法無我, 이 세상에 모든 것이 변하고 나라고 할 것이 없으니 모든 번뇌를 떠나 고요한 열반에 드는 열반적정涅槃寂靜.

남방불교에서는 '열반적정' 대신 모든 것이 괴로움이라는 '일체개고一切皆苦'를 넣기도 합니다. 하지만, 본래부처의 선禪에선 '일체가 괴로움이다'는 견해는 내가 본래 없는 데 있다는 착각에서 본 망상이니 괴로움은 어디까지나 착각이고, 망상일 뿐 본래 우리는 열반적정입니다.

삼법인의 핵심은 무상無常, 무아無我입니다. 이 우주 만물은 연기로 존재하니 실체가 없어 무상, 무아라 하지요. 우주 만물의 모든 것이 변하니 '나'라고 할 독립된 실체는 없습니다.

초기불교의 핵심인 무상, 무아를 대승불교에서는 공空이라 표현합니다. 초기불교의 무아와 대승불교의 공은 같은 뜻입니다. 부처님의 깨달음도 가르침도 하나입니다. 둘이면 법이 다르다는 말이 되니 옳지 않습니다.

'나는 누구인가?'는 누구나 고민하는 문제입니다. 인류 세계의 모든 종교와 인문학이 이 문제에 답을 내놓았습니다. '나는 생각한다. 고로 존재한다', '나는 하나님의 피조물이다' 등등. 불교는 이 문제에 어떤 입장일까요? 어떤 분은 이것을 화두로 제시한다고 해요. 그건 옳지 않습니다. 불교의 교리적인 답은 바로 이것입니다.

'나는 연기로 존재하니 독립된 실체로서 나는 없다. 무아, 공이다.'

『반야심경』에 '오온이 모두 공한 것을 비추어 보고 온갖 괴로움과 재앙을 건넌다'라는 구절이 나오지요. 부처님께선 인간이 오온(五蘊, 물질인 색色과 정신인 수상행식受想行識 다섯 가지의 연기)으로 이루어져 있다 하시고, 이 오온을 연기, 무아, 공으로 보면 모든 고통에서 벗어난다고 하셨습니다. 누구든지 자기 자신이 무아, 공이라 정견하면 어떤 고통과 재앙에서도 벗어날 수 있습니다. 반대로 내가 있다고 보아 집착하면 생로병사의 괴로움과 생사 윤회를 벗어날 수가 없습니다.

우리가 인생을 살아가다 보면 예상치 못한 갖가지 괴로운 일을 만나게 됩니다. 큰 병과 죽음도 괴롭지만, 인생에서 가장 힘든 것이 인간관계라는 생각이 듭니다. 사람은 누구나 다양한 인간관계를 맺으며 살아가지요. 그런데 한번 관계가 잘못되면 그걸 해결하기가 쉽지 않지요. 인간관계에서 어려움이 생기더라도 "나라는 실체가 없다, 연기 무아인데 집착할 게 없다"라고 스스로 되새기면서 자기를 비워 가야 합니다. 그렇지 않고 자기 자존심을 세운다고 자기에 집착하고 승부심으로 상대를 대하면 갈등이 더 깊어지고 괴로움이 더하여 생사고해를 벗어날 수 없습니다.

짜증이나 화가 날 때도 마찬가지입니다. "내가 연기, 무아인데 집착하고 짜증내는 나가 본래는 없다", 이렇게 정견을 세우면 화도 집착도 쉽게 지나갑니다. 처음에는 안 되더라도 자꾸 반복해서 훈련하시면 됩니다. 이렇게 자꾸자꾸 애를 써서 정견으로 속히 건너가셔야 합니다. 이게 나를 행복하게 합니다.

현대 과학에서는 인간이 60조 세포로 구성되어 있다고 하지요. 그러니 '내가 있다'는 견해는 착각입니다. 이 착각을 깨어 연기, 무아로 보면 지혜가 나와 괴로움을 벗어납니다. 반대로 자기가 있다고 생각하고 집착하면 집착과 화를 비울 수가 없고 생사윤회의 고통을 끝없이 받습니다.

불교는 허무주의가 아니다

그런데 이 연기緣起·무아無我·공空을 모르고, 자기가
있다고 집착하고 사는 것도 문제지만, 무아·공을 아
무것도 없다는 허무주의로 보는 것도 문제입니다. 무
아·공을 내가 없다, 아무것도 없다, 세상이 다 허망하
다, 등등으로만 보면 불교를 허무주의로 오해합니다.
중국의 유명한 작가 임어당(林語堂, 1895~1975) 같은
분도 불교를 허무주의라고 보았으니, 그렇게 오해하
는 학자들도 많지요.

하지만 이것은 불교의 중도·연기·무아를 잘못 이해
한 것입니다. 『반야심경』에 '물질(色)이 공'이고, '공이
곧 물질(色)'이라 하지요. '물질이 공'이라는 면도 있지
만, 그 뒤에 '공이 물질'이라는 면도 있습니다. 이것을
중도로 보아야 합니다. 무아·공은 아무것도 없는 것
이 아닙니다. '있다·없다'가 통일되어 중도로 존재합
니다. '나'라는 존재도 연기·무아로 실체가 없지만, 아
무것도 없는 것이 아니죠. 지금 이렇게 책을 보고 소
리를 듣는 면이 있지요. 그래서 '나는 없다'는 무無와
'나는 있다'는 유有가 연기된 중도로 존재합니다.

부처님은 무아·공을 바람으로 비유하셨어요. 바람

은 모양이 없어 볼 수도 잡을 수도 없지만, 그렇다고
아무것도 없는 것이 아니죠. 어떤 때는 바람 하나 없
다가도 때로는 태풍이 되기도 합니다.

중도 = 팔정도 = 연기 =
사성제 = 삼법인 = 무아 = 공

지금까지 부처님이 출가하여 깨달음을 성취하시고
첫 설법인 초전법륜을 중심으로 불교의 근본 교리에
대하여 살펴보았습니다. 부처님은 초전법륜에서 중
도를 깨달았다는 것을 밝혔고, 그 중도의 내용이 팔정
도이며, 연기라 하셨습니다. 사성제, 삼법인, 무아, 공
도 다 중도와 연기에 근거한 것이니 부처님께선 초전
법륜에서 불교의 핵심을 다 설명하셨지요.

부처님의 설법을 듣고 깨달은 다섯 명의 수행자들
은 부처님 제자가 되어 처음으로 불교 교단인 승가(공
동체)를 만듭니다. 부처님 자신도 세속의 왕자로 돌아
가지 않고 평생 출가 사문으로 걸식하고 무소유로 살
았지만, 영원한 행복을 누리셨습니다. 우리도 부처님
께서 설법하신 중도연기를 공부해서 정견을 세우고
수행하면 깨달아 영원한 행복의 길을 갈 수 있습니다.

처음 불교와 참선에 입문하려는 분들이 이 교리를
낱낱이 공부하면 너무 어렵고 복잡합니다. 기독교는

바이블, 회교는 코란 한 권이면 되는데, 불교는 팔만
대장경이라 너무나 방대하고 어렵게만 느껴집니다.
그래서 입문자들은 부처님의 깨달음인 중도와 연기
만을 정확히 이해해서 정견을 세우면 팔정도, 사성제,
삼법인, 무아, 공 등도 염주알이 한 줄로 꿰듯이 하나
로 회통할 수 있습니다.

　부처님의 깨달음 세계인 중도연기를 이해하는 데
가장 좋은 책이 바로 성철 스님의 『백일법문』입니다.
성철 스님이 불교 경전과 선어록을 섭렵하고 당신의
체험을 중심으로 불교의 핵심을 요약 정리해 놓았습
니다. 『백일법문』은 지금까지 나와 있는 불교교리서
중 가장 좋습니다. 이 『백일법문』 중에서도 상권의 '근
본불교사상'까지가 핵심인데요, 불교의 핵심인 중도
연기를 확실히 이해하면 불교가 무엇인지 알게 되어
정견과 믿음이 나서 그것을 체험하는 참선으로 갈 용
기가 납니다.

중도정견 세우기

지혜 갖추기

9

중도정견이란?

부처님은 중도를 깨달아 생로병사를 해탈하여 영원한 행복을 성취합니다. 우리도 부처님처럼 중도를 깨달으면 누구나 생로병사의 괴로움에서 영원히 벗어날 수 있습니다.

그런데 이것이 쉽지 않지요? 어떤 스님은 출가하여 평생 선방에서 참선해도 공부에 진척이 없었다고 한탄하더군요. 또 어떤 분은 화두 참선을 해보니 잘 안 된다며 중국 송나라 시대 화두가 우리에게 맞겠나 하면서 참선을 포기하고 다른 공부로 가기도 합니다. 이런 이야기를 들으면 재가자분들은 '스님들도 어렵다는 참선을 어떻게 우리 같은 재가자가 할 수 있겠나?' 하고는 해보지도 않고 스스로 물러나는 마음을 내기도 합니다.

화두 참선이 어렵다거나 화두가 잘 안 된다고 하는 분들은 부처님의 깨달음인 중도와 화두가 무엇인지 어떻게 하는 것인지 잘 모르고 하기 때문에 그렇습니다. 부처님이 깨친 중도를 이해하여 바른 안목인 정견을 갖추고 화두 참선을 하면 누구나 쉽고 즐겁게 공부할 수 있습니다. 그래서 중도정견을 세우고 참선하자는 것입니다.

부처님께서도 정견에 대하여 강조하였습니다. 정견

에 대한 부처님 말씀은 아함부 『가전연경迦栴延經』에
있습니다.

　존자 가전연은 세존에게 여쭈었다.
　"정견正見이라 하시는데 정견이란 어떤 것입니까?"
　"가전연아, 이 세간은 다분히 '있다(有)'와 '없다(無)'에
의지하여 있느니라. 가전연아, 바른 지혜로 여실히 세
간의 집集을 관하는 자에게는 이 세간에 '없음(無)'이
없다. 가전연아, 바른 지혜로 여실히 세간의 멸滅을 관
하는 자에게는 있음(有)이 없다. 가전연아, 성제자聖弟
子는 이 마음의 의지처에 집착하여 헤아리며, 나와 나
의 것이라고 사로잡히지 않고 집착하지 않고 머물지
않으며, 괴로움이 생하면 생한다고 보고 괴로움이 멸
하면 멸한다고 보아 미혹하지 않고 의심하지 않으며,
다른 것에 연하는 바 없이 여기에서 지혜가 생한다. 가
전연아, 이것이 정견이니라."

-『가전연경』

　양변에 집착을 떠나 중도로 보는 것이 정견입니다.
중도정견이 안 되는 이유를 부처님께선 나와 나의 것
에 사로잡혀 집착하기 때문이라 하십니다. 이와 같이
나와 너, 유와 무, 선과 악 등 양변에 집착한 견해를
'변견邊見'이라 합니다. 우리 마음에 변견을 가지면 치

우친 견해로 세상을 봅니다. 이분법의 세계관이 그렇습니다. 세상을 정신과 물질로 나누거나, 신과 인간, 노와 사, 남과 녀, 선과 악 등 세상을 항상 이분법적으로 보는 것은 이원론적 세계관입니다. 이렇게 세상을 둘로 보는 이분법으로 보면, 양변에 집착하고 비교 분별하여 행복할 수가 없어요. 부처님은 이 변견을 내가 '있다(有)'고 착각해서 보기 때문이라 하십니다. 세상을 있는 그대로 보면 '나'라고 할 독립된 실체는 없기 때문에 나와 너, 있다와 없다가 따로 없다고 하십니다.

즉, 내가 있다고 보면, 나의 것에 집착해서 머물고 분별해서 양변의 어리석음에서 벗어나지 못하게 됩니다. 그러므로 우리가 정견을 세우면, 나와 나의 것이라는 양변에 집착하지 않는 그런 지혜가 일어납니다. 이것이 나와 세상을 있는 그대로 보는 정견입니다. 정견으로 보게 되면 지혜가 나와 양 극단에 집착을 떠나면서도 양 극단을 아우르는 중도로 수행도 잘하고 행복하게 살 수 있습니다.

『가전연경』, 『천타경』의 정견

부처님께서 중도정견을 말씀하신『가전연경』은 부처님 당시에도 제자들 사이에 많이 이야기되었고, 대승불교가 일어날 때도 지침이 된 경전입니다. 가전연 존자는 부처님 10대 제자 중 한 분으로 논의 제일로 불릴 정도로 이론에 밝았습니다.

초기 경전에 『천타경』이라고 있는데 『가전연경』과 내용이 거의 같습니다. 천타 스님은 부처님이 출가할 때 말을 몰던 마부였습니다. 그런데 성질이 고약하고 말버릇이 좋지 않았던 모양입니다. 막상 부처님이 돌아가시자 법을 알고 싶어 아난 존자에게 가서 물었습니다. 아난 존자는 부처님께서 생전에 천타가 법을 묻거든 『가전연경』을 일러주면 깨칠 것이라는 말씀이 기억나서, 그렇게 천타에게 일러주던 말씀이 바로 『천타경』입니다.

부처님께서 마하가전연을 가르치시며 말씀하셨다.
"세상 사람들은 전도되어 두 극단에 의지하니, 있다는 것과 없다는 것이다. … 여래는 두 극단을 떠나서 중도를 말씀하셨다. 이것이 있으므로 저것이 있고, 이것이 생기므로 저것이 생긴다는 것이니, 말하자면 무명에 연하여 행이 있고, 내지 나고 늙고 병들고 죽음과 근심, 슬픔, 번민, 괴로움이 쌓이게 된다. 이것이 없기 때문에 저것이 없고, 이것이 멸하기 때문에 저것이 멸한다고 하니, 말하자면, 무명이 멸하면 행이 멸하고, 내지 나고 늙고 병들고 죽음과 근심·슬픔·번뇌·괴로움이 멸한다."

이 경에서도 양 극단을 떠나 중도를 말씀하시고, 중도
는 곧 연기라 하십니다. 즉, 이것과 저것, 생과 멸, 있
음과 없음 등 양변에 집착을 떠나 서로 의지해 있는
연기를 보면 정견이라는 것입니다. 『천타경』에서는
특히 생로병사와 괴로움, 근심, 슬픔, 번뇌는 어리석
은 무명으로 인하여 일어나니 무명을 멸하면 생사와
괴로움도 없다고 말씀하셨습니다. 이로 보아 부처님
은 중도를 깨쳤고, 중도의 내용은 연기이니, 중도연기
로 보는 것이 정견이라는 말씀입니다.

자기 자신과 세상 만물을
양변으로 보지 말고 중도로 보자

그런데 여기에서 중요한 것이 하나 있습니다. 부처님
이 깨친 중도의 내용이 연기인데, 연기를 시간적으로
생멸生滅로 해석하는 견해가 많아요. 만약 연기를 생
멸로 보게 되면 자기 자신과 세상을 정견으로 보지 못
하고 양변으로 보니 깨달음으로 가는 길도 어렵게만
봅니다. 이것은 워낙 전문적이고 깊은 이야기입니다
만, 정견과 수행에서 중요하기에 짚고 넘어가지 않을
수 없습니다.

불교의 세계관인 연기를 생과 멸의 양변으로 본다는
것은 생에서 멸로 변하니 연기, 무상, 무아다, 사람이
태어나 늙고 병들어 죽으니 즉, 생로병사하니 연기,
무아라는 식의 해석을 말합니다. 남방에 가서 수행하
고 온 분들 이야길 들어보니 대체로 이렇게 생멸연기
로 해석하더군요. 내가 생로병사하니 연기이고 죽어
다음 세상에 태어나 계속 수행해서 세세생생 닦아가
서 마침내 깨친다고 보는 것이죠. 이런 견해로 자기
자신과 세상을 보게 되면, 생멸하는 나도 있고, 죽어
서 다시 태어나는 다음 세상도 있다고 봐 연기를 시간
적으로 인식하게 됩니다. 이렇게 연기하는 나를 있다
고 보고 앞과 뒤의 시간적으로 보면, 지금 나는 번뇌
망상을 가진 중생이고 열심히 수행해서 깨쳐야 부처
가 된다고 하는 결론이 나지요. 연기를 이렇게 시간적
으로 해석하면 나도 있다고 보고 나는 부처가 아니고
중생이라는 양변에서 깨달음과 수행을 보게 됩니다.

결국 생멸연기관은 내가 있고, 부처가 아닌 중생이
라는 양변에 떨어져 수행하여 깨달음으로 간다고 보
기에 그만큼 깨달음이 멀고 요원하게 느껴집니다. 이
렇게 수행해서 깨달음으로 가면 가도 가도 끝이 없죠.
오죽하면 남방에서는 중생이 아라한과를 성취하는 것
을 삼아승지겁三阿僧祇劫이 걸린다고 하더군요. 아승
지겁은 헤아릴 수 없는 수많은 생을 반복해서 윤회함

을 말하고 그것도 세 번이나 걸려야 한다니 사실상 깨달음은 요원한 것이죠.

반면에 중도연기로 보는 견해를 봅시다. 나는 지금 이 순간에도 자연에 의지하여 존재하니 나라고 할 실체는 본래 없습니다. 이것을 연기라고도 하고 무아, 공이라 하지요. 그런데 이렇게 책을 보고 소리를 듣는 내가 또한 없는 것도 아니죠. 이렇게 보고 듣고 하니까요. 그래서 부처님은 이것을 깨치고 중도라 하였습니다. 중도란 있는 것도 아니고, 없는 것도 아니니 연기로 존재한다는 말입니다. 나뿐만 아니라 세상 만물이 연기로 존재합니다. 그래서 중도연기는 나와 세상 만물의 존재 원리입니다. 연기란 세상 만물이 태어났다 사라지는 생멸 원리가 아니라 존재 원리이니 태어남도 사라짐도 본래 없는 불생불멸不生不滅입니다.

다시 말해서 내가 연기로 존재하니 태어나는 것도 연기, 늙고 병들고 죽는 것도 그대로 연기일 뿐입니다. 일체 만물이 연기로 존재하니 내가 있고, 생과 멸, 생로병사가 있다고 보는 것은 양변의 분별심일 뿐 본래 연기로 완전합니다. 나와 우주 만물은 본래 완전하니 그대로 성불해 있는 불생불멸의 존재입니다.

이렇게 나와 세상을 중도연기로 보면 본래 그대로 완전할 뿐 생로병사와 괴로움, 번뇌, 슬픔은 내가 있다는 착각의 분별일 뿐입니다. 나의 존재 원리가 중도연기이니 이대로 완전하고, 괴로움과 집착은 내가 따로 있다는 착각에서 나온 망상이지요. 그래서 나와 내가 있다는 생각을 떠나 괴로움이 일어나면 일어난다고 보고 사라지면 사라진다고 보아 정견을 세우면 있는 그대로 보는 지혜가 납니다.

생사윤회나 중생과 부처라는 분별심을 일으키면 양변에 떨어져 수행과 깨달음이 힘든 시간이지만, 생사와 중생과 부처라는 것이 허망한 착각이라는 것을 아는 정견을 세우면, 우리가 본래 완성되어 있는 부처이니 자존감도 서고 공부에 신심이 납니다. 내가 있다, 내가 중생이라는 분별심만 완전히 비우면 본래 완성된 그 자리로 돌아가는 것이니까요.

이렇게 양변을 떠난 중도연기의 본래부처 입장에서 수행하고 깨달음을 보면 공부가 쉽고 수행의 중간과정도 즐겁습니다. 중도연기관으로 나와 세상을 보면 우리는 본래부처이고 현실 이대로 극락입니다. 단지 분별심에 가려져 보지 못하고 효능을 발휘하지 못하고 있을 뿐이죠. 그러니 이 분별망상만 단박 깨뜨리면 찰나간에 본래부처라는 것으로 돌아갑니다. 이것을 선에서는 본래성불本來成佛, 직지直指, 돈오頓悟, 일초직입여래지一超直入如來地라 합니다. 그러니 화두 참선을 하기 전에 나와 세상을 바로 보는 정견부터 세우면 공부가 쉽고, 행복합니다. 깨치면 말할 것이 없지요.

선과 교의 근본,
중도

10

교종의 중도

인도에서 발생한 불교는 부처님 열반 이후 부파불교 시대에서 대승불교를 거치며 사방으로 퍼져 나갔습니다. 그중에서도 히말라야산맥 너머 중국으로 전해진 불교는 수나라와 당나라 시대에 천태종과 화엄종이라는 교학의 발전을 이루었습니다.

천태종은 중국 수나라 시대에 천태 대사가『법화경』을 소의경전으로 정립한 종파입니다. 천태종에서 주창한 핵심은 지관止觀, 쌍차쌍조雙遮雙照입니다.

지관은 천태종뿐만 아니라 근본불교 경전인『아함경』에도 나오는 불교의 핵심 개념입니다. 남방불교에서는 이 지관을 사마타(śamatha, 止) 위빠사나(vipass-anā, 觀)라 하지요. 지관의 뜻은 번뇌망상을 멈추고(止) 본다(觀)는 말인데, 바로 중도를 말합니다. 남방불교에서는 이 지관(사마타 위빠사나)을 수행법으로 체계화하고 발전시켜 지금은 세계화하는 데 성공했습니다.

이 지관이 바로 부처님이 깨친 중도입니다. 깨달은 사람은 중도, 지관으로 사는 것이죠. 이게 모든 불교의 근본입니다. 이 지관을 선종에서는 정혜라고 합니다. 혜능 대사의『육조단경』에 '정혜定慧'라는 대목이 나오는데, 이 정혜가 바로 지관의 다른 말입니다. 우리 마음에 망상 비운 자리가 정定이고, 그 자리에서

혜慧가 나온다는 말이니 지관과 정혜는 모두 중도를 말하는 다른 표현입니다.

천태종의 또 다른 개념이 쌍차쌍조입니다. 이것도 중도를 표현한 말인데요, 대립하는 양변을 다 막고(雙遮) 다 비춘다(雙照)는 말입니다. 즉, 일상생활에서 나-너, 선-악, 빈-부, 좌-우, 남-북 등 양변에 집착하고 살면 대립 갈등하며 살 수밖에 없습니다. 그래서 대립하는 양변을 다 비우면서도 다 아우르는 중도 지혜가 나오면 더불어 행복하게 살 수 있습니다. 부처님이 이것을 깨달은 것입니다. 이 중도가 불교의 각 종파마다 표현이 다를 뿐이지 근본은 이것밖에 없습니다.

화엄종은 중국 수당 시대에 『화엄경』을 소의경전으로 성립된 종파입니다. 우리나라에는 의상 대사가 화엄종을 전해왔지요. 유명한 의상 대사의 「법성게」에는 『화엄경』 요지가 잘 표현되어 있습니다.

"구경의 실제인 중도中道 자리에 앉으니 예로부터 움직임이 없어 부처라 한다."

화엄종 의상대사도 「법성게」에서 중도를 깨친 이를 부처라 했습니다. 화엄종은 천태종과 함께 부처님의 말씀을 결집한 경전을 중심으로 깨달음을 연구한 교학의 최고봉이라 합니다. 『화엄경』은 그 자체로도 방

대하지만, 화엄종 논사들은 부처님의 깨달음 세계를 매우 다양하게 표현하였습니다. 그러나 화엄종의 핵심도 중도입니다. 해인사 큰법당 이름이 '대적광전大寂光殿'인데요, 바로 적광寂光이 중도를 말합니다. 우리 마음에 분별망상을 비우면 고요해져(寂) 지혜가 빛난다(光)는 것이 적광입니다. 이 적광도 바로 우리 마음을 표현한 말이고 중도를 뜻합니다.

화엄종과 천태종에서 공히 많이 사용한 용어가 '쌍차쌍조雙遮雙照'입니다. 즉, 불교 교학을 대표하는 화엄종이나 천태종 모두 중도를 근본으로 삼고 있음을 알 수 있습니다.

선종의 중도

부처님이 깨친 중도는 시간이 지나며 지역과 종파에 따라 매우 다양한 방식으로 표현되었습니다. 서기 500년 무렵 인도에서 달마 대사가 동쪽으로 와서 전한 것이 선禪입니다. 교敎란 중도를 언어와 문자로 설하는 것이라면, 선은 중도를 마음으로 체험하고 실천하는 것입니다. 선은 언어와 문자를 떠나 자기 마음을 바로 보아 부처가 되는(直指人心 見性成佛) 것입니다. 선은 부처님이 깨친 중도를 바로 보고 행하는 것입니다. 말이나 문자가 필요 없습니다.

『신심명』으로 유명한 3조 승찬 대사는 본래 평생 문 둥병 환자로 살아 마음 고생이 심한 분이었지요. 자기 가 불치병에 걸려 이토록 고생하는 것은 전생에 지은 죄 때문이라 생각하고 2조 문하에서 오랫동안 법문을 듣다가 어느 날 용기를 내어 혜가 대사를 찾아뵙고 부 탁합니다.

"제가 전생에 무슨 죄를 지었길래 이렇게 불치병의 과 보를 받는지요? 제 죄를 없애주십시오."
"너의 죄를 가져오너라. 없애주겠노라"
"죄를 찾을 수도 보여드릴 수도 없습니다."
"그럼 이미 해결했노라!"

문둥병으로 평생 고생한 승찬은 전생도 있고 지은 죄도 있다고 생각했는데, 그것이 착각이라는 것을 문 득 깨치고 해탈합니다. 승찬 대사가 지은『신심명』은 이렇게 시작합니다.

"지극한 도는 어렵지 않으니 오직 간택함을 꺼릴 뿐이 다. 미워하고 사랑하지 않으면 통연히 명백하니라."

도는 어렵지 않습니다. 다만, 사랑하고 미워하는 양 변을 떠나 중도가 되면 통연히 분명해집니다. 3조 승찬 대사의『신심명』도 중도를 말합니다. 우리가 미워하고 사랑하는 집착만 비우면 그대로 중도가 되어 영원히 행복합니다. 달마 대사가 전한 선은 2조 혜가와 3조 승찬의 깨달음을 이어 6조 혜능(638~713) 대사가 깨치고『육조단경』이 결집됩니다. 선의 핵심이 정리된 이 경전에는 혜능 스님이 입적할 무렵 제자들에게 남긴 유언이 기록되어 있습니다.

"내가 지금 너희들에게 법문하는 방법을 가르쳐 선종
禪宗의 근본 종지宗旨를 잃지 않게 하겠노라. … 나고
들어감에 양변을 떠나고 일체 법을 설할 때에 자성을
여의지 말라."

혜능 스님께서도 법문할 때 양변을 떠나서 하라 하십니다. 양변 떠나는 게 바로 중도입니다. 조사선을 정립한 6조 혜능 대사도 중도가 선종의 핵심임을 말하고, 이후 선사들이 법문할 때에도 중도를 잃지 말라고 강조합니다. 6조 혜능 대사의 선법은 남악을 거쳐 마조가 계승합니다. 마조(709~788) 대사는 '마음이 부처다', '평상심이 도'라는 말로 유명하며, 많은 전법 제자를 두어 선종을 천하에 전파하는 데 크게 공헌한 분입니다. 우리나라에 선을 처음 전한 도의 국사나 구산선문의 개산조들은 대부분 마조 대사의 법맥을 이어

왔습니다. 마조 스님은 신라 왕자 출신으로 출가하여 중국에 건너가 사천성에서 활약한 무상 대사에게 출가한 분이니 우리나라와도 인연이 깊은 분이죠. 『마조록』에는 평상심을 이렇게 말하고 있습니다.

"만약 도道를 알려고 한다면 평상심平常心이 도이다. 평상심이란 조작造作이 없고 시비是非가 없고 취사取捨가 없고 단상斷常이 없고 범부와 성인이 없는 것이다."

마조 스님은 도가 평상심인데, 평상심은 양변을 떠난 중도의 마음이라 합니다. 마조 스님의 제자 중 유명한 백장 스님이 있습니다. 백장 스님 역시 법문에서 이렇게 말합니다.

"일체 있다 없다 등의 견해가 없으며, 또한 견해가 없다는 것도 없으면 정견正見이라 한다."

백장 스님은 양변을 떠난 중도가 곧 정견이라 말합니다. 마조 스님 제자 중에 가장 뛰어난 분으로 『돈오입도요문론』을 쓴 대주 스님이 있습니다. 대주 스님은 이렇게 말합니다.

"중간이 없으며 또 양변이 없는 것이 중도이다."

조사선이 발전하면서 임제종이 출현하는데 임제종 조사들이 강조한 것이 살활殺活입니다. 번뇌망상은 죽이고 지혜는 살리는 것이죠. 이것도 중도의 다른 표현입니다. 조동종에서 강조하는 명암明暗, 적조寂照도 같은 뜻으로 중도를 말합니다.

지금까지 살펴보았듯이 남방과 대승, 교와 선을 아울러 불교의 근본이 중도라는 것을 알 수 있습니다. 성철 스님은 1967년 해인총림 동안거 때 매일 백 일 가까이 법문을 하셨는데, 이것을 제자들이 『백일법문百日法門』이란 책으로 엮어냈지요. 성철 스님이 이 『백일법문』에서 강조한 것도 2600년 불교사상사가 모두 중도를 근본으로 하고 있다는 것입니다. 중도를 바로 알아야 불교를 바로 아는 것이라고 강조합니다.

그래서 부처님이 깨친 중도를 말과 문자로 깨달아 가는 것을 교教라 하고, 마음으로 체험하고 실천하는 것을 선禪이라 합니다. 결국 모든 불교의 근본은 중도입니다.

중도가 부처님

11

중도가 부처님이다

지금까지 우리는 싯다르타가 중도를 깨달아 생로병사의 괴로움을 해탈한 부처가 되었고, 이것이 불교의 출발이자 모든 불교의 근본이란 것을 공부하였습니다. 결국 모든 불교는 중도를 근본으로 합니다.

'중도가 부처님'이라는 성철 스님 법어가 있지요. 부처님이 깨달은 중도를 아주 쉽게 말씀하셨는데 여기에 불교의 핵심이 담겨있습니다.

"중도中道가 부처님이니 중도를 바로 알면 부처님을 봅니다.
중도는 중간, 또는 중용中庸이 아닙니다.
중도는 … 상대적 대립의 양쪽을 버리고, 그의 모순, 갈등이 상통하여 융합하는 절대의 경지입니다. …
대립이 영영 소멸된 이 세계에는 모두가 중도 아님이 없어서 부처님만으로 가득 차 있으니, 이 중도실상中道實相의 부처님 세계가 우주의 본모습입니다."

성철 스님은 중도가 바로 부처님이라 했습니다. 그러니 중도를 알면 부처님을 보는 것이죠. 중도는 유교의 중용中庸과는 다릅니다. 흔히 중도와 중용이 같은 것으로 이해하는데 그것은 중도를 잘 모르기 때문입니다. 주자는 중용中庸을 "지나치거나 모자람이 없이 도리에 맞는 것이 중中이며, 평상적이고 불변적인 것이 용庸이다"라고 설명했습니다. 이 중용에는 '지나치거나 모자람'과 '도리에 맞는 것'이 상대 분별로 나뉘어 있습니다. 중용에는 상대분별 세계에서 '도리에 맞는 중'을 말하지만, 불교의 중도는 모든 상대 분별을 떠나면서도 다 아우르는 원융무애圓融無礙한 절대세계입니다. 즉 유교의 중용은 상대분별 세계의 어느 경지를 말하고, 불교의 중도는 상대 분별을 융합한 절대세계 그 자체입니다. 그러니 불교의 중도와 유교의 중용은 이름은 비슷하나 차원이 다르지요.

불교의 중도中道는 우주 만물의 존재 원리이자 본래 모습이며 절대세계입니다. 이 중도의 절대세계는 모두가 절대적인 존재이고 부처입니다. 선과 악, 나와 너, 남과 북은 상대 분별의 허망한 착각세계일 뿐입니다. 대립하는 양변에 집착해서 어느 한 면만 보면 상대적으로 보이지요. 나와 너가 다르고, 나는 옳고 너는 틀리다, 이렇게 보게 됩니다. 그러나 이것은 양변에 집착해서 본래 모습을 보지 못한 착각세계라는 겁니다.

중도는 우주의 존재 원리이고 실상입니다. 나와 우주 만물은 모두 중도로 존재합니다. 예를 들면, 이 글을 읽고 있는 '나'라는 존재도 독립된 실체가 있다고 보면 착각입니다. 독립된 실체로서 '나'는 단 한 순간도 있을 수 없습니다. 지금 당장 내가 산소를 호흡하지 않으면 존재할 수가 없어요. 뿐만 아니라 음식과 물 없이도 존재할 수 없습니다.

그러므로 독립된 실체로서 '나'란 존재할 수 없기에 '내가 있다'고 보는 것은 착각입니다. 그렇다고 또 이 글을 읽고 소리를 듣는 나 또한 없는 것도 아니지요? 이렇게 책을 읽고 소리를 듣고 하니까요. 그래서 나는 '있다, 없다' 양변을 떠나되 다 아울러 중도中道로 존재한다는 겁니다. 나는 '있다'고 할 수도 없고, '없다'고 할 수도 없으니 이것을 중도라 하는 것입니다.

나뿐만 아니라 집이나 자동차, 휴대폰 등 우주에 존재하는 모든 것은 다 실체가 없이 서로서로 의지해서 존재하지요. 이것을 부처님은 중도中道, 연기緣起, 무아無我, 공空, 불성佛性, 자성自性 등 다양하게 표현하였으나 본질은 하나입니다. 일체 만물은 실체가 없이 중도연기로 존재하니 평등하며 절대 가치를 지닌 본래부터 완전한 부처라는 겁니다. 이것을 선에서는 본래부처, 본래성불이라 합니다.

모든 대립 갈등, 중도가 대안이다

그렇다면 중도는 우리 일상생활에 어떤 가치가 있을

까요?

우리 인류는 지금도 전쟁을 하고 있습니다. 전쟁하지 않은 날이 하루도 없다고 해요. 늘 싸웁니다. 국가뿐 아니라 집단이나 가족과 개인도 대립 갈등합니다. 진보와 보수, 남과 북, 남녀, 빈부, 노사, 갑을 등등 인간 사회에서 대립과 갈등이 없는 곳이 없습니다. 더나아가 이런 인간의 대립과 갈등 문제를 해소해 나가야 할 종교가 오히려 대립과 갈등의 근본 원인이 되기도 합니다. 인류의 전쟁 중에서 상당수가 종교 갈등이원인이 되기도 합니다.

또 우리는 밖으로도 갈등하지만, 자기 안에서도 갈등이 있지요. 마음이 복잡하거나 고민이 많으면 일이 손에 잡히지 않고, 잠도 편히 자지 못합니다. 마음이 초조하고 불안하면 실수도 잦고 인간관계도 어려움이 생깁니다. 사소한 일에도 짜증이 나고 예민하고 화도 자주 내어 스트레스를 받습니다.

이처럼 갈등하면 마음이 편할 수 없습니다. 그럼 어떻게 하면 이런 대립과 갈등을 해소하고 평화롭게 행복하게 살 수 있을까요?

인간의 모든 갈등의 근본 원인은 '내가 있다'는 착각에서 나오는 집착 때문입니다. '나'는 독립된 실체로 존재하는 것이 아닌데도 마치 실재하는 것으로 착각하고 집착하기에 이기심이 나오는 것입니다. 내가 있고, 내가 살아야 하고, 내가 생각하는 것이 옳고, 너는 틀렸다, 이런 생각을 일으키니 서로서로 대립하고 갈등하는 것입니다.

그렇다면 대안은 무엇일까요? 바로 중도中道입니다.

중도를 바로 알면, 너와 내가 둘이 아니라는 것을 알게 됩니다. 진보와 보수, 노와 사도 마찬가지입니다. 진보와 보수는 방편이지 그 자체가 목적이 아닙니다. 사회제도는 사정에 따라 진보적인 방식과 보수적인 방식으로 서로 의논해서 개선해 나가면 됩니다.

노사도 마찬가지입니다. 노동자는 사용자 덕분에 고용되어 일하고 급여를 받아 생활합니다. 가족을 부양하고 아이들 교육하고 문화생활도 하고 저축하며 살아갑니다. 그러니 노동자에게 사용자는 은인과 같습니다. 사용자 역시 노동자들이 일해 주는 덕분에 제품을 고객에게 팔아서 그 수익으로 회사를 운영하며 노동자들보다 더 많은 보수를 받고 더 좋은 집, 차로 생활할 수 있으니 일하는 사람들 덕분입니다. 일하는 노동자 없이 그렇게 좋은 생활을 할 수가 없지요.

부부도 마찬가지입니다. 78억 인구 중에 부부의 인연이 된 게 얼마나 소중합니까? 다소 의견 차이가 있고, 성격이 다른 것은 당연한 것이죠. 그것을 서로 사랑하며 위해 주며 살아가는 것이 인생이지요. 그런데 내가 옳다, 잘났다, 너는 틀렸다 등의 생각에 집착하게 되면, 대립하고 갈등하게 됩니다.

사업이나 장사하는 분들도 이 중도를 행하면 도 닦으면서 장사도 잘할 수 있습니다. 이것은 제가 직접 경험한 이야기입니다. 절에 열심히 다니며 식당하는 보살님이 계시길래 "손님을 돈으로 보지 말고 은인으로 보고 장사해보시라"고 했어요. 왜, 은인이냐? 손님, 고객 덕분에 직원들 월급 주고, 가겟세 내고, 가족들 먹여 살리고, 아이들 교육시키고 문화생활하고 저축도 하니 손님이 은인입니다. 그러니 식당에 오는 손님을 은인으로 생각하고 하시라 했더니 이분이 한 달 만에 밝은 얼굴로 와서 장사가 대박이라 하더군요. 주인과 손님의 양변에서 장사하는 것은 분별이나 손님을 은인으로 부처님으로 생각하며 장사한다면 장사가 안 될 리가 없습니다.

그래서 우리는 나와 네가 둘이 아니라는 중도를 바로 알아 일상생활에서 중도를 실천하면 대립과 갈등을 해소해 갈 뿐만 아니라, 모든 일을 원만하게 할 수 있습니다. 빈부, 갑을, 노소, 남녀, 노사, 좌우, 남북, 여야 등 모든 대립과 갈등을 해소하면서 가정이나 직장, 단체, 국가 등 모든 관계를 원만히 지혜롭게 풀어나갈 사상적인 대안이 중도에 있습니다.

중도, 이해에서 깨달음으로

그런데 한국 불자들은 왜 그렇게 갈등하나요? 누가 이렇게 묻는다면 저는 중도를 모르기 때문에 싸운다고 답해드립니다. 이 중도를 알아야 불교를 바로 아는 것입니다. 우리 불자들이 중도를 모르면 불교를 모르는 것이 됩니다.

그렇지만 중도를 이해하는 것만으로는 한계가 있습니다. 이 이해를 불교에서는 '알음알이'라 합니다. 중도를 이해하면 깨어 있을 때는 어느 정도 분별망상을 없앨 수 있지만, 화가 나거나 욕망이 일어날 때, 꿈꿀 때나 깊은 잠이 들었을 때는 소용없습니다. 중도는 이해만으로는 분별망상을 완전히 없애는 깨달음을 성취할 수가 없어요. 그러니 우리 마음에서 분별망상을 완전히 비워야 합니다. 내가 있다는 착각과 망상을 완전히 비워야 우리 본래 모습으로 돌아가 자유자재할 수가 있습니다. 분별망상을 완전히 비우기 위해선 지계, 참선, 염불, 간경, 주력, 절, 위빠사나 같은 수행을 통해 중도 삼매를 성취해야 합니다. 그중에서 참선은 화두 하나에 집중하여 확철대오하면 분별망상을 완전히 타파하는 공부로 우리나라에 자리 잡은 전통 수행법입니다.

중도와
화·용서·참회

12

틱낫한의 화, 달라이라마의 용서,
그리고 성철의 참회

화는 스트레스와 함께 현대 인류의 큰 문제입니다. 이것을 잘 다스리지 못하면 인간관계가 어려워지고 우울증, 공황 장애, 분노조절 장애 등으로 나타나 심각한 정신 장애를 겪기도 합니다. 예전에 틱낫한 스님의『화』라는 책이 나와 베스트셀러가 되기도 했지요. 틱낫한 스님은 화가 날 때 그 뿌리를 지켜보라 하더군요. 그러면 지나가지요. 이것이 위빠사나(관법) 수행입니다.

달라이라마 스님은 용서를 말하지요. 상대가 내게 어떤 불이익이나 비난을 하더라도 상대를 용서하자는 겁니다. 예를 들어 티베트를 강점한 중국 공산당에 대해서도, 그 덕분에 탄압받던 티베트 스님들이 전 세계로 흩어져 포교해서 티베트불교가 세계적으로 알려졌으니 중국 공산당에 대해서 용서하고 오히려 고맙다고 생각하자는 말씀은 감동스럽기도 하지요.

그런데 성철 스님은 "우리 불교의 근본에는 '용서'라는 말이 없다"고 하셨어요. 마음의 눈만 뜨고 보면 모든 것이 본래부처라는 겁니다. 중도연기로 존재하는 모든 인간과 생명이 본래부처라는 것을 알면 화가 나거나 남을 용서한다는 말도 성립될 수 없지요. 그래서 성철 스님은 이렇게 말합니다.

"흔히 보면 '용서한다, 용서한다'고 말하는데 우리 불교의 근본에는 '용서'가 없습니다. 용서란 내가 잘하고 남이 잘못했다는 것인데, 모든 책임은 나한테 있는 것이며, 남을 용서한다는 것은 남의 인격을 근본적으로 모독하는 것입니다. 설사 어떤 사람이 칼로 나를 찌른다할지라도 근본 책임은 나한테 있다 이겁니다. 그러므로 내가 '참회'해야지 그 사람을 '용서'해서는 안 됩니다. 그래서 우리 불교 사전에서는 '용서'라는 말을 빼야한다고 늘 말합니다."

- 『자기를 바로봅시다』

성철 스님은 우리가 본래부처이니 누가 누구를 용서한다는 것은 잘못되었다는 겁니다. 모두 부처로 보면 용서하고 말고가 아니라 남의 잘못도 나의 잘못으로 보아 참회하는 것이 바른 길이라 합니다.

인류문명사에서 한국 선의 가치,
용서가 아닌 연민하기

성철 스님의 이런 말씀은 달라이라마 스님의 용서와는 차원이 다르지요? 이것은 성철 스님 개인의 견해라기보다 본래성불이라는 선의 입장으로 보아야 합니다. 한국불교에는 조사선이 들어와 전통으로 자리 잡아 모든 문제를 깊은 안목으로 보고 해법을 제시합니다. 남방불교나 티베트불교와는 다른 특색이 있습니다. 바로 중도연기에 기반한 본래부처, 현실극락이라는 입장입니다. 성철 스님은 이런 선의 입장에서 말씀하신 겁니다.

이와 같이 화나 용서도 잘못되었다고 말하는 깊은 안목의 한국불교에 문제가 하나 있는데 그것은 바로 실천이 안되고 있다는 것입니다. 모든 상대를 부처님으로 보고 행하라 하듯이 깊은 안목의 법문은 늘 하고 있지만, 이것을 일상생활에서 실천하지 않습니다. 한마디로 언행일치가 안되지요. 반면에 달라이라마 스님이나 틱낫한 스님은 낮은 차원의 법문을 하지만, 철저히 생활에서 실천합니다. 그분들이 언행일치하는 모습이 대중에게 감동을 주고 있습니다.

그런데 우리 한국불교는 법은 깊이 보나 행으로 실천이 안되니 신뢰도 존경도 받지 못하는 현실입니다. 참으로 안타까운 일입니다. 그래서 이런 점은 바꿔야 합니다. 모든 상대를 부처님으로 보고 실천하면 얼마나 좋겠습니까? 한국불교는 이런 점을 개선하면 굉장한 가능성이 있습니다. 앞으로 한국불교의 선이 인류 세계에 기여할 바가 많습니다.

이런 입장에서 중도의 생활화, 불교의 생활 속 실천이 매우 긴요합니다. 우리 일상생활에서 자주 겪는 화나 용서에 대하여 중도로 대처하는 방편으로 저는 "연민으로 대하라"고 합니다. 나를 시비하고 욕하는 상대도 본래부처다. 단지 자기가 부처인 줄 모르고 중생이란 착각에 빠져 '나-너' '옳고-그름'의 양변에 집착해서 나를 욕하고 있을 뿐이다. 착각해서 하는 행동은 신경쓸 거 없습니다. 단지 연민으로 대하자. 본래부처인데 중생이란 착각에 빠져 저렇게 안타까운 행동을 하고 있구나! 이렇게 연민으로 대하면 나도 상처받지 않고 남에게도 보복하려는 마음이 일어나지 않게 됩니다. 물론 제가 말하는 연민은 상대를 불쌍하게 보라는 말이 아닙니다. 상대를 불쌍하고 가엾게 본다는 말은 벌써 차별심으로 상대를 낮춰보는 견해이죠. 연민으로 대하자는 말은 나와 상대를 본래부처로 동등하게 존중하여 자비심으로 보자는 말입니다.

죄와 업, 인과와 깨달음

중도연기의 입장에서 죄와 업은 어떻게 보일까요? 중도연기, 무아 입장에서 보면 죄와 업도 실체가 없으니 공하지요. 단지 '내가 있다'는 착각에서 보면 나도 있고, 내가 지은 죄도 업도 당연히 있는 것으로 보이겠지요? 내가 있다는 착각에서 보면 생로병사의 괴로움을 피할 수 없고 생사윤회를 벗어날 수도 없습니다.

이 괴로움에서 벗어나려면 중도정견으로 보아야 합니다. 나와 일체 만물이 중도연기로 존재하니 본래 완전한 부처입니다. 죄와 업이란 것도 자기를 바로 보지 못한 착각에서 나온 것이니 허망하고 실체가 없는 것입니다.

죄와 업이 본래 없다면 죄와 업을 아무렇게나 지어도 괜찮겠네? 이렇게 생각할 수도 있는데 이런 사람은 더 큰 과보를 받습니다. 부처님께서도 말씀하셨지만, 모르고 짓는 죄가 더 크다고 했지요.

흔히 콩 심은 데 콩 나고 팥 심은 데 팥 난다고 하지요. 지은 대로 받는다. 이것이 인과법因果法입니다. 착한 일을 하면 선한 과보를 받고, 나쁜 짓을 하면 악한 과보를 받지요. 그래서 깨달은 부처나 도인도 인과법은 피할 수 없습니다. 경전에 보면 부처님도 깨친 이후 등창이 나고 상한 음식을 먹고 배탈도 나고 합니다. 인과법칙은 자연법칙과 같아서 누구도 예외가 있을 수 없습니다.

그렇다면 깨달음이 무슨 의미가 있나? 이런 의문이 일어날 수 있지요. 우주 만물의 존재 원리인 중도·연기·무아·공을 깨치면 인과는 받되, 다만 속박되지는 않습니다. 즉, 괴로움으로 받지 않고 행복하게 받습니다. 예를 들어 부처님께서도 깨친 뒤에 45년 동안 설법하시다 80세에 열반에 드십니다. 이때 춘다라는 분이 공양 올린 상한 음식을 드시고 돌아가셨다고 합니다. 이것을 잘못 생각하면, 아니 깨친 부처님께서는 지혜와 복덕이 구족된 분인데 어째서 상한 음식을 먹었을까? 어떻게 이렇게 열반에 드셨을까? 의문을 가질 법도 합니다. 그런데 부처님은 이렇게 말씀하시죠.

"생하는 것은 반드시 멸한다. 이 육신도 그러하다. 이것은 누구도 피할 수 없다. 다만, 생과 멸에 집착하지 않으면 자유로운 사람이다."

이와 같이 부처님도 육신의 한계는 피할 수 없지요. 다만, 부처님은 존재 원리를 깨친 분이니 죽음조차 자연법칙처럼 그대로 수용하시는 겁니다.

중도의 사회적 실천, 파사현정과 공심

부처님이 깨친 중도의 입장에서 사회적인 현상을 보면 있는 그대로 보는 지혜가 나옵니다. 부처님을 사회적인 면에서 보면, 혁명가의 모습도 보입니다. 예를 들면, 부처님 당시 인도에는 사성 계급제도인 카스트가 완고하게 자리 잡고 있었는데 부처님께서는 깨친 뒤에 이 카스트를 부정하지요. 부처님이 깨치고 보니 인간은 누구나 불성을 지닌 평등한 존재인데, 사회의 기득권 세력이 계급제도를 만들어 이 관습으로 인간을 차별하고 억압하니 이것을 부정하였습니다. 그래서 부처님은 대안으로 평등한 승가공동체를 만들었지요. 이것이 바로 불교 교단의 기원입니다. 어찌 보면 엄청난 혁명입니다.

중국 남송 시대에 간화선을 만든 대혜(1089~ 1163) 스님도 사회 현실 문제에 적극적인 관심을 가지고 역할을 합니다. 당시 송나라는 금나라의 외침을 받아 국정이 파탄에 빠지고 조정 대신들은 주화파와 주전파로 당쟁이 극심한 때였습니다. 이때 대혜 스님은 주로 주전파 대신들과 깊이 교류하며 남의 나라를 침략한 금나라 오랑캐들을 내쫓아야 한다고 주전파를 격려하다가 주화파가 권력을 잡자 탄압받아 승적을 박탈당하고 15년 동안 유배형을 받기도 합니다. 말년에 다시 복권됩니다만, 대혜 스님은 시대 현실에 적극적인 참여를 했습니다. 이때 대혜 스님의 입장은 파사현정破邪顯正이었습니다. 즉 삿된 것은 깨고 바름을 드러낸다는 것이죠. 바로 중도를 말합니다. 중도의 시각으로 사회 현실을 보면 잘못된 것은 깨고 바른 것은 드러내는 파사현정이 됩니다.

그럼 무엇이 삿된 것이고, 바른 것은 무엇일까요? 삿된 것은 이기적이거나 양변에 집착하는 견해와 사회제도를 말합니다. 바른 것은 모두에게 이익을 주는 견해와 사회제도를 말합니다. 중도의 마음으로 사회적인 실천을 하는 것을 공심公心이라고도 합니다. 어떤 단체나 기업, 사회 활동을 할 때는 반드시 공심으로 해야 합니다. 공심의 반대가 사심私心인데요. 단체나 기업, 정치 사회 활동에서 사심으로 하게 되면 편이 갈라지고 대립 갈등이 일어나게 됩니다. 반대로 공심으로 활동하면 단체나 기업, 정당 등 사회 활동이 모두에게 이익을 주고 화합할 수 있습니다.

이와 같이 중도를 실천하는 것을 반야바라밀般若波羅蜜이라 하는데, 이 반야바라밀이 바로 선禪입니다. 선종을 정립한 6조 혜능 대사의 설법집 『육조단경』도 이 반야바라밀을 설하고 있지요. 반야는 지혜를 말하고, 바라밀은 집착과 욕망의 이 언덕에서 지혜와 평화의 저 언덕으로 건너간다는 말입니다. 즉, 우리 마음이 양변에 집착하다 중도가 되면 반야바라밀이 되는 겁니다. 이처럼 반야바라밀은 다른 것이 아니라 우리마음에서 중도를 실천하는 것입니다. 이것이 바로 선이고요.

선禪이란 무엇인가?

13

선禪은 중도의 체험과 실천

선禪이란 무엇일까요? 한자로 보면 '보일 시示' 변에 '홑 단單' 자입니다. 즉, 양변을 떠나 하나로 본다, 중도로 본다는 뜻입니다. 나-너, 있다-없다 등 둘로 보면, 양변에 집착해서 대립 갈등이 일어나지요. 상대 분별의 중생계입니다. 그러나 중도로 보면 나와 너, 선과 악이 하나이니 공존 평화, 절대세계, 본래부처가 되지요.

선은 부처님이 깨친 중도, 깨달음 세계를 말합니다. 우주 만물이 본래 완성되어 있고, 현실 이대로 극락이라는 절대세계를 표현한 말입니다. 부처님의 깨달음 세계에는 중생이니 부처니, 번뇌와 지혜가 따로 없습니다. 모두 깨달아 있고, 본래성불해 있는 것이 선입니다. 그래서 선은 부처님의 깨달음 세계만을 인정하고 사실로 봅니다. 중생과 번뇌는 착각세계이니 사실이 아니고 꿈 같이 허망한 것입니다.

그렇다면 부처님께서 설하신 팔만대장경은 무엇이냐? 선의 입장은 그것을 모두 깨달음을 가리키는 손가락, 즉 방편이라 봅니다. 부처님께서 중도를 깨치고 설한 팔만대장경은 모두 중도를 말과 문자로 표현한 것이죠. 말과 문자는 부처님의 깨친 마음의 표현이지 마음 자체는 아니지요.

부처님의 깨친 마음과 경전은 약과 처방전에 비유할 수 있습니다. 우리가 병이 나면 의사에게 진찰받아 처방대로 약을 지어 먹어야 병이 낫습니다. 병을 낫게 하는 처방전은 경전에 해당하고, 그 처방으로 약을 지어 먹고 낫는 것은 자기 마음을 깨치는 것입니다. 처방전을 받아 그것만 읽는다고 병이 낫지는 않습니다. 경전이 깨달음을 가리키는 길이라며 경전만 읽는다면 깨칠 수는 없습니다. 경전을 통해 자기 마음을 깨쳐야 합니다. 서울에서 부산을 가려고 할 때 지도만 열심히 본다고 부산을 갈 수는 없습니다. 그 지도를 보고 한 걸음이라도 내딛어야 부산을 갈 수 있는 법이죠.

부처님께서는 수많은 설법을 하셨음에도 입적하기 직전 『열반경』에서 "나는 지금까지 한 마디도 법을 설한 바가 없노라"고 하셨고, 또 『금강경』에 보면 "부처가 설한 법이 있다고 한다면 그것은 부처를 비방하는 것이다"라는 말씀도 하셨어요. 이것은 경전에도 집착하지 말고 스스로 자기 마음을 바로 깨치라고 강조하신 말씀입니다.

부처님은 열반하시기 전에 법法을 가섭 존자에게 전했지요. 부처님께서 어느 날 영취산에서 법문하실 때 갑자기 한 송이 꽃을 들어 보였습니다. 참석한 수행자들은 아무도 부처님의 뜻을 알지 못했으나 가섭만이 빙그레 웃으며 화답했습니다. 여기에서 '이심전심以

心傳心'과 '염화미소拈花微笑'의 이야기가 나왔습니다. 이 선법은 오로지 마음에서 마음으로 전한다는 것입니다.

부처님의 깨침은 가섭 존자를 거쳐 아난 존자에게 전해졌고, 달마 대사에까지 이르렀다고 하지요. 달마 대사는 원래 남인도의 왕자 출신인데 스승으로부터 깨침을 인가받아 법을 이었습니다. 달마 대사는 전법傳法을 위해 동방으로 옵니다.

달마 대사의 선법禪法 전래

달마 대사가 동쪽으로 왔을 때 중국은 양자강 이남에 양나라 무제가 통치하고 있었습니다. 양 무제는 중국 역사에서 가장 불심이 돈독한 황제였어요. 전국에 2,500개 사찰을 짓고 탑을 쌓아 스님들에게 공양하며, 많은 경전을 역경하고 간행하였습니다. 양 무제는 인도에서 대선지식이 왔다는 소식을 듣고 황궁으로 초청해서 묻습니다.

"짐이 이러저러한 불사를 했는데 이 공덕이 어떤지요?"

"공덕이 없습니다."

달마 대사의 이 말은 선禪의 입장을 정확히 드러내고 있지요. 내가 있고 쌓은 공덕이 '있다'는 생각은 모두 양변이고 착각입니다. 양 무제는 중도를 몰랐기 때문에 '자기가 있다'는 양변에서 불사를 했던 겁니다. 그렇게 많은 불사를 한 양 무제도 불교를 정확히 몰랐던 것이죠. 그러니 달마 대사의 중도 법문도 알아들을 수가 없었지요.

결국 대사는 양나라를 떠나 양자강을 건너 숭산 소림사로 가서 은거합니다. 이때 혜가라는 구도자가 찾아와 안심 법문을 해서 깨치자 2조로 부촉하고, 혜가 대사는 다시 승찬 대사를 3조로 삼았지요. 3조 승찬 대사는 다시 4조 도신 대사에게, 도신 대사는 5조 홍인 대사에게 법을 전하여 6조 혜능 대사에 이릅니다.

6조 혜능 대사의 선종 정립

5조 홍인 대사는 양자강 위 황매현 동산 오조사에서 교화하였습니다. 이때 저 남쪽 광동성 출신 나무꾼 혜능이 출가하러 와서 인사합니다. 홍인 대사가 묻지요.

"어디서 온 누군데 무엇을 하려고 왔느냐?"

"저는 남방 신주에 사는 혜능이라 합니다. 부처가 되고자 왔습니다."

"신주는 남방 오랑캐인데 어찌 부처가 될 수 있느냐?"

"사람은 남쪽 사람, 북쪽 사람이 있으나 부처의 성

품에 어찌 차별이 있겠습니까?"

이렇게 명쾌한 답을 한 이가 저 유명한 혜능입니다. 혜능은 집안이 가난하여 문자를 배우지 못한 나무꾼 출신이죠. 어느 날 시장에서 『금강경』 읽는 소리를 듣고 마음이 닿아 발심發心해서 출가한 것입니다. 혜능은 8개월 동안 행자 생활을 하면서 홍인 대사의 『금강경』 설법을 듣고 확철대오해서 6조가 됩니다. 혜능 대사의 설법을 모아 책으로 펴낸 것이 바로 『육조단경』입니다. 이 『육조단경』은 '선종의 바이블'로 불리는 법문집으로 부처님 제자의 어록 중에 유일하게 '경'을 붙일 정도로 위대한 사상을 담고 있습니다.

『육조단경』이 정립되고 많은 제자들이 배출되자 선법은 사방으로 확산되기 시작합니다. 특히 혜능 대사의 제자 중에 남악-마조, 청원-석두로 이어진 선맥에서 기라성 같은 선사들이 많이 나왔습니다. 그 결과 선은 중국뿐 아니라 신라와 일본, 그리고 베트남까지 전파되어 불교의 중심이 됩니다.

이 무렵 신라의 도의 스님이 화엄학을 배우러 중국으로 유학 갔다가 선을 만나 마음을 깨쳐 조사가 되어 가장 먼저 한반도에 돌아옵니다. 이때가 서기 821년입니다. 이후 홍척 대사 등 많은 신라 스님들이 마음을 깨치고 조사로 인가받아 신라로 돌아와 구산九山에 선문禪門을 열기 시작합니다.

당시 신라 불교계는 『화엄경』 중심의 교학에 집착하여 선을 배척하고 있었습니다. 중국에서 돌아온 도의 스님은 설악산으로 들어가 진전사에 은거합니다.

중국에서 마음을 깨치고 돌아온 조사가 설악산에 있다는 소식은 삽시간에 제방으로 알려져 많은 구도자들이 진전사로 몰려들었습니다. 이때 염거 화상이란 분이 도의 스님에게 깨달음을 인가받아 2조가 되고 다시 보조체징 선사가 3조가 되어 선맥을 이었습니다. 이 무렵 신라 왕실에서도 선을 서서히 수용하게 되어 보조체징 선사는 왕의 후원을 받아 장흥 보림사에 가지산문을 열었고 이후 일연 스님, 태고보우 국사 등 많은 선사를 배출하게 됩니다. 이렇게 하여 한반도에 최초로 선법을 전한 도의 스님은 지금 한국불교를 대표하는 종단인 조계종의 종조로 추존되었습니다. 또한 도의 조사를 비롯한 구산선문의 많은 조사 선지식들의 선맥은 조계혜능 대사에서 이어져 조계 법맥이라 불리게 됩니다. 오늘날 대한불교조계종이라는 조계종이 바로 조계혜능 대사의 선법을 상징하는 것입니다. 이후 선은 동아시아 불교의 중심이 되었으며, 20세기에는 서양으로 건너가 정치·경제·사회·문화·교육·예술·건축에까지 많은 영향을 주며 오늘에 이르고 있습니다.

조사선이란
무엇인가?

14

흔히 선禪은 조사선祖師禪, 간화선看話禪, 묵조선黙照禪 등으로 표현합니다. 여래선如來禪이란 말도 있지요. 표현은 달라도 선의 본질은 하나입니다. 선은 오직 본래부처, 현실극락 입장이지요. 중생과 부처, 번뇌와 지혜라는 상대 분별은 착각일 뿐이고, 중생이 본래부처라는 절대적인 세계관이 오직 사실이고 진리이며 현실입니다. 그래서 본래부처, 현실극락, 평상심이도, 마음이 곧 부처라 하지요.

그렇다면 선禪은 하나인데, 왜 여래선, 조사선, 간화선, 묵조선 등으로 불리느냐? 깨달은 조사들의 입장은 절대세계이고 모두 부처이지만, 아직 깨치지 못한 부처들에게 착각에서 깨어나라고 다양한 표현과 방법을 쓰는 것입니다.

여래선이란 석가모니 부처님의 선, 여래의 선이란 말이지요. 조사선에서는 부처나 조사를 같이 봅니다. 선에선 부처와 중생을 분별하지 않고 같이 보니, 조사와 부처, 그리고 중생에 차별이 없습니다.

조사선이란 조사들이 전하는 선을 말합니다. 달마 대사를 비롯하여 2조 혜가, 6조 혜능 대사 이후 천하에 전해지는 선을 조사선이라 합니다

조사선은 송나라와 고려의 재가 지식인들에게 확산됩니다. 선의 가치를 발견한 재가자들이 선 공부를 하고 싶어 하지만, 조사들은 많지 않을뿐더러 깊은 산중

에 계시니 배우기가 어려웠습니다. 이에 대혜 선사가 조사들이 깨친 문답을 화두로 체계화시켜 그대로 참구하면 깨칠 수 있다고 가르칩니다. 이것이 화두 참선법인 간화선이 나오게 된 시대적 배경입니다. 한 마디로 간화선은 조사선이 대중화되면서 재가자들에게까지 확산된 참선법이지요.

묵조선默照禪이란 조사선이 내려오다가 송나라 굉지 선사가 제창한 선법입니다. 묵묵히 앉아 마음을 비우면 부처라는 입장입니다. 본래부처이니 분별망상을 내려놓으면 그대로 부처라는 것이죠. 선종 중에 조동종에서 전승하는 참선법으로 지금은 주로 일본 조동종에서 하고 있습니다.

이와 같이 선은 이름과 방법은 다양하지만 종지宗旨가 본래부처, 현실극락인 것은 같습니다. 지금 우리가 하는 간화선과 묵조선도 본래 조사선에서 내려온 선법입니다. 그래서 간화선을 제대로 알려면 조사선을 알아야 하지요. 조사선은 6조 혜능 대사에 이르러『육조단경』으로 정립되어 천하에 전파되기 시작합니다. 이제 조사선의 특징을 살펴보겠습니다.

혜능과 신수 대사의 게송 대결

5조 홍인 대사 문하에서 신수와 혜능이 게송을 대결

해서 혜능이 깨달음을 인가받아 6조가 되었습니다. 귀족 출신에 불교와 유교 경전까지 해박했던 신수 대사의 게송은 이렇지요.

몸은 깨달음의 나무이고
마음은 밝은 거울과 같다.
항상 부지런히 털고 닦아
티끌과 먼지 묻지 않게 하라.

이 게송은 깨달은 안목의 게송이 아닙니다. 무엇이 문제일까요? 이 게송에는 몸과 마음이 나뉘어 있고, 또한 티끌과 먼지를 인정하고 부지런히 털고 닦고 있습니다. 아직 깨치지 못한 양변에서 닦고 있는 겁니다. 이것은 깨친 안목으로 인정할 수가 없어요. 조사선은 오직 깨달음, 즉 달만 인정하니 손가락의 게송은 인정할 수 없는 겁니다. 이에 대하여 나무꾼 출신 행자인 혜능의 게송은 다릅니다.

깨달음은 본래 나무가 없고
밝은 거울 또한 받침대가 없다.
불성은 항상 청정하거늘
어느 곳에 티끌과 먼지 있으리오.

이 게송은 나무와 받침대도 본래 없고, 티끌과 먼지도 본래 없다는 입장이지요. 그러니 불성 자리는 늘 깨끗하다는 겁니다. 모두 본래부처이니 깨친 안목의 게송이지요. 깨치지 못한 손가락 입장에서는 티끌과 먼지, 그리고 중생이 있다고 보겠지만, 그것은 어디까지나 착각입니다. 이 착각에서 벗어나면 본래 깨끗한 부처뿐입니다. 양변을 여읜 자리는 본래 깨끗하고 우리는 본래부처입니다. 이 게송은 비록 행자가 지은 것이나 깨달음의 안목을 드러냈기 때문에 조사선의 본래부처 입장에서 합격입니다.

조사선의 전법

혜능 스님의 문하에 남악 스님이 있고, 그 남악의 문하에서 마조(馬祖, 709~788)라는 걸출한 도인이 나왔습니다. 우리나라 구산선문의 역대 조사들은 대부분 마조 스님의 법맥을 이어왔지요. 마조 스님의 공부 이야기는 우리에게도 중요한 교훈을 주니 한번 볼 필요가 있습니다.

어느 날 마조 스님이 좌선하고 있었습니다. 그런데 스승인 남악 스님이 그 앞에 와서 벽돌을 갈았습니다. 마조 스님이 스승에게 묻습니다.

"어째서 벽돌을 가십니까?"

스승이 답합니다.

"벽돌로 거울을 만들려고 한다."

놀란 마조가 되묻습니다.

"벽돌이 어찌 거울이 되겠습니까?"

그러자 스승 남악 스님이 말합니다.

"너는 좌선해서 어찌 부처가 되려 하느냐? 수레가 가지 않으면 수레를 쳐야 하느냐? 소를 쳐야 하느냐?"

이 말을 듣고 마조 스님은 깨칩니다.

이와 같이 조사선에서 좌선坐禪이란 모양이 중요한 게 아닙니다. 『육조단경』에는 좌선을 이렇게 말합니다.

"일체 걸림이 없어서, 밖으로 모든 경계에 생각이 일어나지 않는 것이 좌坐이며, 안으로 본성을 보아 어지럽지 않은 것이 선禪이다."

좌선하면서도 생각이 밖으로 끝없이 움직이고 안으로도 번뇌가 일어나 어지러우면 안 되지요. 반대로 시장에 있더라도 밖으로 끄달리지 않고, 안으로도 어지럽지 않으면 좌선하는 겁니다. 그러므로 조사선에서 좌선은 앉아서 하는 참선이 아니라, 언제 어디서나 할 수 있는 것이죠.

마조 스님의 제자 백장 스님은 '선농일치禪農一致'를 강조했습니다. 선 수행자들이 늘어나자 도량에 많은 선승들이 공부하고 생활하니 사찰 경제도 중요해졌습니다. 자연환경과 탁발이 언제나 가능한 남방과 달리 북방은 도량이 산중에 정착했고 사계절이 뚜렷하니 먹고 사는 일도 중요했지요. 그래서 백장 스님은 선승들에게 수행하면서 '하루 일하지 않으면 하루 먹지 말라'는 유명한 청규를 제정해서 시행했습니다. 이것은 농사짓고 일하는 그대로가 선이라는 겁니다. 조사선은 이러한 전통을 발전시켜 왔습니다. 일상생활이 그대로 수행이라는 것이죠.

구산선문의 성립과 전파

조사선은 마조 스님 문하에 서당, 백장, 남전, 대주, 방 거사 같은 수많은 대선지식들이 나와서 강호에 선풍이 드날리게 되었고, 이 선은 통일신라와 일본, 베트남으로 전파됩니다. 현재는 우리나라의 조계종뿐 아니라 일본의 임제종과 조동종으로 이어졌습니다. 또 일본 최고의 경영자 이나모리 가즈오 같은 CEO나 미국 애플을 만든 스티브 잡스, 베트남의 틱낫한 스님 같은 이들도 이 조사선 전통에서 나온 현대의 인물들입니다.

우리나라에서 조사선은 통일신라 후기에 도의 스님이 마조 스님의 제자 서당 선사를 찾아가 마음을 깨치고 인가를 받으면서 시작됩니다. 도의 스님은 6조 혜능 대사가 주석했던 광동성 조계산 보림사로 찾아가 조사당을 참배하고 백장 선사에게 전법을 부촉받아 귀국합니다. 이때 백장 선사는 "불법이 동국으로 가는구나!"하고 탄식했다고 합니다. 이때가 서기 821년입니다. 이후 많은 유학승들이 선법을 인가받아 귀국하여 구산선문九山禪門이 세워지고 선풍이 전파됩니다.

당시 신라는 의상 대사가 전한 화엄종 같은 교학教學과 '나무아미타불'을 염불하는 정토신앙이 성행하는 풍토였습니다. 이에 조사선은 '마어魔語' 즉 '마구니 말'이라 배척받았습니다. 그동안 교학에서는 "중생이 열심히 수행해서 깨쳐야 부처가 되고, 부지런히 복덕을 쌓아야 내세에 극락에 갈 수 있다"고 가르쳐 왔는데, 선은 본래부처, 현실극락을 주창하니 기이하게 들렸을 것입니다. 그렇지만 지방호족들은 환영합니다. 그들은 신라의 엄격한 중앙귀족계급 아래 무시당해 왔기에 선승들의 본래부처의 평등사상에 자존감과 용기를 갖게 되었습니다. 그리하여 선을 적극 수용하고 후원하면서 구산선문이 경주에서 멀리 떨어진 지방 산중에 들어서게 됩니다. 아홉 곳의 산(九山)에 선문을 연 선사들은 이후 대중의 호응을 얻고 제자 양성을 통해 불교의 중심으로 발전합니다.

간화선이란
무엇인가?

15

선의 대중화, 간화선의 탄생

선禪이 중국 송나라 후기에 이르면 새로운 흐름으로 화두 참선법이 나오게 됩니다. 이 화두선이 나오게 된 사회적인 배경을 살펴보겠습니다.

조사선은 깨친 조사들이 '본래부처 현실극락' 소식을 전해왔으나, 주로 산중에서 출가 수행자들을 상대하였지요. 그런데 선이 점차 널리 알려져 많은 재가자들도 참선하고 싶어 합니다. 이미 마조 대사로부터 깨달음을 인가받았던 방 거사나 중국을 대표하는 시인 백낙천, 두보, 소동파, 왕유 그리고 황벽 대사의 『전심법요』를 정리한 배휴 거사 같은 이들도 참선을 해왔던 재가자였지요. 시간이 지나면서 선의 가치가 알려져 참선을 배우려는 재가자들이 더 늘어납니다.

송나라는 중엽에 북방의 금나라와 원나라의 외침을 받게 됩니다. 전쟁으로 경제가 피폐해지고 민생이 도탄에 빠졌습니다. 더구나 조정 대신들은 외적에 맞서 싸워야 한다는 주전파와 외적과 화친하자는 주화파로 분열하여 갈등합니다. 이런 시대에 마음이 불안해진 고위 관료 불자들이 산중 선사들에게 어떻게 마음을 다스리고 위기를 극복해 나가야 하는지 길을 묻습니다.

이때 화두 참선을 제시하면서 크게 활약한 분이 대혜(大慧, 1089~1163) 선사입니다. 대혜 스님은 오늘날 간화선 교과서로 가장 많이 읽히는『서장書狀』을 지은 분이죠. 당시 사대부들이 스님에게 마음 공부법을 묻고 답한 편지를 모은 책이『서장』입니다.

즉, 선의 가치에 눈을 뜬 재가자들이 늘어났으나 이를 지도하고 이끌어 줄 조사 선지식들이 많지 않으니 조사들이 깨친 기연을 화두로 주어 참선하여 깨치는 공부법이 바로 간화선입니다.

화두話頭란 조사 선지식이 도를 깨치려고 온 수행자에게 준 말입니다. 수행자는 간절한 마음으로 조사를 찾아가 길을 묻고 말을 듣자마자 단박에 깨쳐 영원한 행복을 성취할 수 있습니다. 대개 조사들은 이렇게 깨쳤지요. 그렇지만 못 깨치면 부득이 그 말을 화두로 삼아 깨치고자 참선해 들어가야 합니다.

간화선에서 화두는 1,700가지가 있는데 그중에 대표적인 것이 '무無'자 화두입니다. 무자 화두의 유래는 이렇습니다.

어느 날 한 수행자가 조주 선사에게 '개도 불성이 있습니까?' 하고 물었는데 조주는 '없다(無)'고 답합니다. 수행자가 생각하기를 부처님께서는 일체 중생에게 모두 불성이 있다고 했는데 어째서 조주는 '무'라고 했을까? 이것이 의문이 되어 생각하고 생각한 끝에 마침내 화두 일념이 되어 깨치게 됩니다. 이것이 바로 간화선에서 말하는 화두라는 것입니다.

대혜 선사는 이 화두를 생각으로 헤아리지 말고, 분별하여 따지지도 말고, 일상생활에서 부지런히 의심해 들어가라고 합니다. 이것이 화두 참선하는 법입니다.

생활과 수행의 일치를 강조하는 간화선

여기서 일상생활을 떠나지 말고 공부하라는 가르침이 중요합니다. 대혜 선사는 일상에서 양변을 여의고 생활하면서 틈틈이 화두 참구할 것을 강조합니다. 간화선은 일상생활이 그대로 수행이라 봅니다. 이것은 조사선에서 '평상심이 도'라는 원리를 그대로 계승한 것이죠. 간화선은 직장과 가정생활을 하는 재가자에게 마음 공부하는 방법으로 창안된 것이기에 재가 생활인들이 밥하고, 청소하고, 일하고, 인간 관계하는 일상생활을 그대로 화두 공부로 이어지게 제시합니다.

대혜 선사는 일상생활 속에서 화두를 놓지 않고 공부해 나가면 언젠가 문득 스스로 알게 되는데 그러면 '한 군郡 내 천 리의 일이 모두 서로 방해되지 않을 것'이라고 『서장』에서 말하고 있습니다. 즉, 마음 공부를 바르게 해나가면 자기가 하는 모든 일들이 서로 원만하게 될 것이라는 겁니다. 그리하여 대혜 선사는 "일상생활을 떠난 공부란 없다"고 강조합니다. 일상생활을 떠나 도를 구한다면 그것은 파도를 떠나 물을 구하는 격이며, 금 그릇을 떠나 금을 구하는 것과 같으니 이것은 구하면 구할수록 더욱더 멀어진다고 거듭 강조합니다.

간화선을 제창한 대혜 선사의 이러한 가르침으로 볼 때 지금 우리 참선 수행자들은 스스로를 돌아볼 필요가 있습니다. "좌선만이 공부다"라고 하거나 "화두 참선이 최고고 다른 공부는 필요도 없다"라는 이런 인식으로 좌선에 집착해서 생활을 등한시하거나, 절과 가정 그리고 직장 생활을 소홀히 하고 참선만 하려는 분들이 있는데, 이것은 잘못 생각하는 것입니다. 이렇게 해서는 화두 공부도 잘되지 않을뿐더러 편협한 사람이 되기 쉽습니다. 간화선을 제창한 대혜 선사가 강조하듯이 일상생활을 떠나 공부가 따로 있는 것이 아닙니다. 일상생활을 중도정견으로 바르게 잘하면서 화두를 해나가야 공부가 순일하고 나날이 향상됩니다. 그러면 마음에 지혜와 자비심이 향상되고 화두 공부에도 진전이 생겨 저절로 영원한 행복으로 가게 됩니다. 만약 화두 공부와 생활이 분리되면 화두도 잘되지 않고 특히 일상생활에 화나 욕심이 그대로 일어나 편협된 안목으로 외골수가 되어 남과 갈등하기가 쉽습니다.

이러한 현실 인식에서 대혜 선사는 당시 좌선 위주로 공부하던 묵조默照 계통의 선사들을 준엄하게 비판

합니다. 묵조선은 조사선의 한 갈래로, 조동종 계통에서 출현하였지요. 묵조는 우리가 본래부처이니 묵묵히 앉아 번뇌망상만 비우면 그대로 부처라는 겁니다. 대혜 선사는 분별망상을 둔 채 그냥 앉는 것으로만 부처가 된다는 것은 삿된 소견이라면서 화두 일념으로 깨칠 것을 강조하였습니다.

이와 같이 간화선을 제창한 대혜 선사는 생활과 수행을 일치시키고 좌선만이 아니라 양변을 여읜 일상 생활이 그대로 수행이라는 것을 강조하였습니다. 선사 또한 스스로 이러한 삶을 그대로 실천합니다. 당시 송나라가 외세의 침략으로 국난에 처하자 대혜 선사는 따르던 고위 관료들에게 마음을 바르게 하고 용기를 내어 외세를 물리쳐야 한다는 입장을 지지하다가 반대파의 모함을 받아 15년 동안이나 유배를 당할 정도로 현실에서 활발한 지혜를 펼쳤습니다.

간화선의 전파

대혜 선사의 활약으로 간화선은 남송 이후 주된 수행법으로 자리잡아 갑니다. 이후 고봉(高峯, 1238~1295) 선사가 활동하며『선요禪要』라는 유명한 간화선 법문집을 남겨 지금도 간화선 교과서로 널리 읽히고 있습니다. 이 시대에 이르면 임제종, 조동종, 법안종, 운문종, 위앙종의 5가로 분화되었던 조사 선문은 대혜 선사가 속했던 임제종 중심으로 정리가 됩니다. 임제종에서 많은 고승들이 배출되었기 때문입니다.

송나라가 망하고 원나라가 건립되자 중국은 당-송-원나라로 이어지는 인류 최고의 문명 시대를 꽃피웁니다. 특히 원나라는 동쪽으로 고려와 일본, 서쪽으로는 중동을 지나 유럽까지 영향력을 미친 대제국이었기에 다양한 세계 종교와 문화를 활발하게 교류하였습니다. 당-송 시대를 거쳐 원나라까지 계속해서 중국과 활발히 문화를 교류했던 고려와 일본, 베트남의 선사들도 간화선을 수용하며 선은 아시아 전체로 더욱 대중화합니다.

한편 중국에서는 원나라 패망 이후 명나라와 청나라 시대에 이르러 선풍은 점점 쇠퇴하여 선禪이 정토신앙의 염불과 결합하여 염불선念佛禪의 경향으로 변질되어 갑니다. 더구나 중국이 공산화되고 문화혁명을 거치며 불교는 엄청난 탄압을 받게 되면서 선맥禪脈은 거의 단절되어 버립니다.

반면에 우리나라는 통일신라와 고려 초기 구산선문의 조계 선사들이 고려 중엽에 대혜 선사의 간화선을 수용하기 시작했고, 태고 스님과 나옹 스님은 화두 참선으로 깨쳐 직접 원나라로 건너가 임제종 조사에게 깨달음을 인가 받아 조사가 되어 법맥을 새롭게 이어

옵니다. 태고와 나옹 스님의 헌신적인 구도행 덕분에 그 뒤 태고 스님과 나옹 스님의 법맥이 중심이 되었고, 특히 태고 스님의 법맥은 조선의 서산과 사명 대사로 이어져 오늘날까지 큰 흐름이 되었습니다. 그러나 조선은 유교 성리학을 신봉하는 신흥사대부들이 등장하여 억불숭유 정책을 강력히 추진하였기에 불교는 사회에서 완전히 밀려나 산중에서 겨우 명맥을 이어가다 근세를 맞게 됩니다.

한국 근세
간화선풍의 중흥

16

서양 문물과 사상이 물밀듯이 밀려오고 외세의 침탈이 노골화된 개화기에 조선왕조의 무능으로 사회는 극도로 혼란스러워졌지요. 이때 경허 스님과 용성 스님이 산중에서 참선 결사를 통해 간화 선풍을 되살립니다. 조선 후기에 이르면 선원은 거의 문을 닫고 참선하는 스님은 찾아보기 어려웠는데 경허 스님은 영호남의 주요 사찰을 차례대로 돌며 선원을 재건하고 선풍을 진작하여 많은 선승들을 배출합니다. 용성 스님은 도시로 진출하여 대각사를 창건하고 부인선원을 열어 도시에 참선하는 분위기를 조성하였습니다.

일제는 1910년 조선을 강점하고 총독부를 세워 '사찰령寺刹令'을 만들어 사찰을 장악합니다. 1919년 3·1 만세운동이 일어나 조선인들의 항일 자주의식 높아집니다. 조선 불자들도 마찬가지였지요. 특히 청년 불자들은 조선불교청년회를 조직하여 총독부의 사찰령 폐지운동을 전개하였습니다. 그러나 다수의 승려들은 일제의 정책에 순응합니다. 일본불교의 폐풍인 대처승帶妻僧 풍조가 나타나기 시작합니다. 이것은 광복 후 큰 문제가 되어요. 이때 사찰의 선원에서 오로지 부처님 가르침대로 참선만 하던 선승禪僧들은 정법과 계율을 지키며 살고자 하였지요. 전국 선승들이 서울 안국동에 선학원禪學院이란 절을 만듭니다. 일반적으로 절 이름에는 '절 사寺'자를 붙이는데, 그렇게 하지 않고 선학원이라 한 것은 사찰령의 통제를 받지 않고 독립적으로 운영하기 위한 것이었어요. 선학원은 전국 선승들의 결집처로 광복 후 승단 정화운동의 산실로 오늘날 대한불교조계종의 뿌리라 할 수 있습니다.

광복 후 봉암사 결사와 선풍 진작

1945년 8월 15일 일제가 항복하여 광복의 새 시대를 맞습니다. 그런데 당시 교단과 주요 사찰의 책임을 맡고 있던 스님들은 대부분 대처승이었습니다. 이것은 일제 식민지 정책의 잔재였지요. 이러한 상황 속에 문경 봉암사에서 '부처님 법대로 살자'는 기치로 결사를 추진한 스님들이 있었는데, 이것이 유명한 봉암사 결사입니다. 성철, 자운, 보문, 우봉 이렇게 네 스님이 시작한 결사는 곧이어 청담 스님이 합류하고 뒤에 향곡, 월산, 종수 스님 이어서 도우, 법전, 성수, 혜암 스님 같은 젊은 세대까지 참여해서 20여 명으로 늘었고, 비구니 묘엄 스님 등이 백련암에서 참여했지요.

　결사結社는 불교가 어려움에 처했을 때 부처님의 가르침대로 살자는 불교운동입니다. 일찍이 중국에 백련결사가 있었고, 고려시대 보조국사의 수선결사 그리고 근세에 경허 선사의 해인사 수선결사, 용성 스님의 만일참선결사가 있었습니다. 봉암사 결사 대중들은 '오직 부처님 법대로 살자'는 정신으로 '공주共住 규약'을 정하여 매일 참선하고 운력하며, 승가의 위의를 세우고자 보조 스님의 장삼을 본떠 장삼과 가사를 새롭게 하는 등 철저히 정진하였습니다. 이 결사 소식이 제방에 알려지면서 많은 스님들이 봉암사에 왔으나 방사 부족과 결사 규약의 삼엄함을 보고는 돌아갈 정도였답니다.

봉암사 결사는 1950년 전쟁의 발발로 중단되고 말지요. 그렇지만 결사 정신은 전쟁이 끝나고 1954년에 본격화된 승단 정화의 정신적인 기반이 되었고, 1962년에 출범한 대한불교조계종의 사상 문화적인 뿌리가 됩니다. 이 결사에 참가했던 스님 중 청담, 성철, 혜암, 법전 스님은 종정이 되었고, 월산, 자운, 지관 스님 등은 총무원장 소임을 맡게 되지요. 지금 조계종 스님들의 가사와 장삼도 봉암사 결사에서 정한 것이고, 간화선을 중심으로 하는 수행 종풍의 정착, 보살계 수계식 등도 결사의 정신이 반영된 전통입니다.

승단 정화운동과 대한불교조계종의 출범

1945년 광복 이후 남북 분단과 정치적인 대립은 극에 달했고, 급기야 1950년 전쟁이 일어났습니다. 전쟁은 엄청난 고통을 가져왔지요. 사찰에도 큰 피해를 주어 선원 유지가 어려워졌습니다. 특히 당시 교단과 사찰을 책임지고 운영하던 주지 등 소임자들은 대부분 대처승들이어서 사찰의 시주물이나 재산을 자신들의 살림살이에 사용해야 하니 선방 지원은 인색하였습니다. 이에 선승들은 반발하지 않을 수 없었지요.

1954년에 선승들은 선학원에 모여 "불법佛法에는 대처 없다"는 대의로 정화운동을 시작합니다. 당시 교단에 승적을 가진 1만여 명의 승려들 절대 다수는 대처승들이었지요. 부처님의 계율을 지킨 비구승들은 대부분 참선하는 스님들이었는데, 인원은 1천여 명에 불과하였습니다.

이 소수의 비구 선승들의 강력한 정화운동은 정부 당국과 언론, 그리고 국민의 지지를 얻습니다. 1960년에 이르면 전국 주요 사찰은 비구 선승들이 운영권을 확보하게 되어 사실상 교단 정화가 성취됩니다. 이것이 지금 대한불교조계종입니다. 이렇게 하여 한국불교의 1,700년 역사와 전통은 대한불교조계종이 중심이 되어 계승하여 오늘날 한국불교를 대표하는 종단으로 역할을 합니다.

이 땅에 부처님의 가르침이 전해진 때가 1,700년이나 되고, 조사선이 전해진 것은 통일신라시대였습니다. 그 뒤 구산선문이 성립되고 고려시대에 이르면 간화선이 도입되어 우리나라의 사상문화에 크나큰 기여를 하며 오늘에 이르렀습니다. 비록 조선조에 숭유억불정책으로 불교가 수백 년 동안 산중에 갇혀 지냈지만, 개화기에 경허 스님과 용성 스님의 결사를 계기로 조사선은 다시 복원됩니다. 그리고 해방 후 봉암사 결사와 승단 정화를 거치며 대한불교조계종의 재건으로 선풍 중흥의 기틀이 갖춰졌습니다. 개화기에 선원은 겨우 몇몇 곳에만 운영되었으나, 경허 선사의 결사 운동 이후 오늘날 전국 100여 곳의 선원에서 안거 결제를 하는 스님이 2천여 명이나 되고, 재가 선원도 점점 확산하고 있습니다.

현대사회에서 우리나라뿐만 아니라 인류세계 전반이 빈부와 이념·종교·인종·남녀 갈등이 지속되고 있습니다. 이러한 양극화 시대에 부처님이 깨친 중도를 기치로 지혜와 평화의 길을 제시하는 선禪은 인류의 문명사적인 대안일 수밖에 없습니다. 다행히 우리 한국불교는 이 선을 중심으로 수행해 왔고, 중국이나 일본보다 그 원형을 유지하면서 발전시켜 나가고 있어 앞으로 그 가능성은 무궁무진할 것입니다.

화두 참선의 시작

17

중도정견과 화두 참선

지금까지 우리는 불교의 근본인 중도를 바로 알아 정
견을 세우는 것과 선의 역사와 전통에 대하여 살펴보
았습니다. 이것을 다시 간단히 정리하면 이렇지요.

　불교란 무엇인가? 부처님의 가르침이다.
　부처님은 누구냐? 깨달은 분이다.
　무엇을 깨달았는가? 나와 우주 만물의 존재 원리인
중도를 깨쳤다. 우리 마음이 중도로 존재한다는 것을
깨달았다.
　중도란 무엇인가? 내 마음에 대립하는 양변에 집착
을 떠나 가운데도 집착하지 않는 것을 중도라 한다.

　중도를 다른 말로 지관止觀, 쌍차쌍조雙遮雙照, 살활
殺活, 이사理事, 체용體用, 색즉시공色卽是空 공즉시색
空卽是色, 진공묘유眞空妙有, 초기불교의 사마타-위빠
사나 등등 다양하게 표현하나 모두 부처님이 깨달은
중도를 말합니다. 부처님이 깨달은 중도를 언어와 문
자로 설명하면 교敎라 하고, 체험하고 실천하는 것을
선禪이라 합니다. 역대 모든 부처와 조사 선지식들이
모두 중도를 깨쳐서 생로병사를 해탈하고 영원한 행
복을 성취하였습니다. 이것은 병을 치료하는 처방전

과 약으로 비유할 수 있습니다. 우리는 중도로 존재하는 본래부처이나 '내가 있다'는 착각에 빠져 중생으로 살고 있습니다. 우리의 존재 원리인 중도를 알아 실천하고 체득하면 본래부처로 돌아가는 것이죠. 그래서 우리가 중생이라는 착각을 깨쳐 부처로 돌아가는 길을 이해하는 것은 처방전과 같고, 그 처방대로 약을 지어 먹은 뒤 나아서 부처로 돌아가는 것을 선이라 하지요.

이 화두 참선, 즉 간화선은 바로 중도를 화두로 체득하고 깨치는 것입니다. 간화선도 중도를 깨치는 것이지 다른 게 아닙니다. 그래서 화두 참선을 잘하려면 바로 불교의 근본인 중도에 대하여 바른 안목을 갖추는 정견正見을 세워야 합니다. 지금까지 공부해 온 분이라면 중도에 대하여 어느 정도 이해가 되었고, 정견도 세우셨으리라 생각합니다.

중도정견이 서게 되면 부처님이 깨달은 중도 세계의 가치를 알게 되어 자기와 세상 만물을 보는 지혜가 나옵니다. 정견 즉, 바른 견해가 나오는 것은 정正과 사邪를 구분하는 안목을 말하지요. 삿됨을 말하는 사邪란 양변에 집착하는 것, 어리석음, 욕심, 화, 분별, 멸시, 차별 등의 번뇌 망념을 가리킵니다. 바름을 말하는 정正이란 양변에 집착하는 것을 떠남, 아우름, 통찰, 화합, 배려, 존중 등의 지혜를 말하지요.

우리가 중도를 이해해서 중도정견이 서게 되면, 마음이 편안해지고 지혜가 나와 마주 하는 모든 일을 원만하게 할 수 있습니다. 그래서 중도정견을 언제 어디서나 100% 되는 분이라면 그런 사람을 부처, 도인道人이라 합니다. 부처와 도인은 100% 자동으로 지혜와 평화의 마음으로 모든 일을 원만하게 처리합니다. 영원한 대자유와 행복을 성취한 것이죠.

그러나 우리가 이 중도정견을 이해해서 일상에서 그렇게 실천하는 것도 쉽지 않은데 100% 된다는 것은 정말 어려운 일입니다. 그럼 중도를 실천하려면 어떻게 해야 할까요? 화두를 참구해서 타파하면 간단합니다. 그렇지만, 화두 타파가 또 어렵지요? 그러니 화두 타파를 바로 하지 못할지라도 규칙적으로 화두를 참선해서 중도 삼매를 깊이 체험할수록 중도를 실천하는 힘이 세지고 강해집니다.

중도정견을 갖추고 신심과 발심이 나야 참선할 수 있다

간화선을 공부하는 분들에게 가장 어려운 문제가 바로 화두 일념一念이 잘 안되는 것입니다. 그래서 화두 참선에 도전했으나 실패하면서 "간화선이 너무 어렵다, 상근기나 하는 공부다, 스님들이나 하는 공부다"라는 잘못된 인식이 확산되어 있지요. 일상생활에서 수많은 생각을 하고 사는데 화두 하나에 생각을 몰입하라 하니 쉽지 않습니다. 이치를 모르고 사는 삶이 고달프듯이 이 화두 참선도 반드시 그 이치를 배워서 해야 합니다. 무엇이든 그렇지만 이 생사를 해탈하는 지름길인 간화선은 그냥 해서는 잘 되기가 어렵습니다.

그럼, 어떻게 해야 잘할 수 있느냐? 지금까지 누누이 말씀드려 왔습니다만, 다시 요약하면 이렇습니다.

첫째, 불교가 무엇인지? 부처님이 누구인지? 부처님의 깨달은 중도에 대하여 바르게 공부해서 정견正見을 세워야 합니다. 불교를 이해하는 데 가장 좋은 것은 팔만대장경을 다 읽어 보는 것이죠. 하지만, 이것이 어려우니 성철 스님의『백일법문』상권 '근본불교사상' 편까지 몇 차례 반복해서 읽어 중도연기를 완전히 이해하면 불교의 가치를 알게 되고 정견이 서게 됩니다. 이 중도정견이 서면 마음에 변화가 오면서 이를 실천하고 체험하는 길(道)을 확신하게 됩니다.

둘째, 정견이 서면 불교를 믿는 신심信心이 나오고 이를 체험하려는 발심發心이 납니다. 불교에서 말하는 신심은 이웃 종교처럼 신에 대한 무조건적인 절대적인 믿음이 아니고, 부처님의 깨달음 세계와 자기 자신에 대한 믿음을 말합니다. 즉, 부처님이 중도를 깨치고 영원한 행복의 길을 제시한 것처럼 자기 자신이 본래부처라는 것을 이해하고 믿어야 하며, 우주만물의 존재원리인 중도에 대한 믿음이 있어야 합니다. 그래서 불교의 신심은 합리적이고 과학적인 믿음이지요. 맹목적인 믿음은 불교의 깨달음의 길과는 다릅니다. 부처님이 자기 자신을 깨달아 생로병사를 해탈하여 영원한 자유와 행복을 누렸듯이 우리도 부처님이 제시한 길을 가겠다고 마음 내는 것을 발보리심發菩提心이라 합니다. 발보리심을 줄여서 발심發心이라 하지요.

그러므로 불교에 정견과 신심 그리고 발심이 나야 비로소 화두 참선을 할 기본이 갖춰진 것입니다. 물론 이 길 이외에 다른 길도 있습니다. 즉 정견과 신심, 발심이 단박에 되는 경우입니다. 가령, 혜능 대사처럼 『금강경』의 "응당 머무는 바 없이 그 마음이 난다"는 말을 듣고 그대로 신심과 발심이 나서 오조사로 출가해 8개월 만에 확철대오합니다. 고려시대에 나옹 대사 같은 경우는 젊은 시절 가까운 친구의 갑작스러운 죽음을 보고는 생사의 길을 알고자 출가해서 바로 도를 깨칩니다. 대한불교조계종의 초대 종정을 지내신 효봉 스님도 일제 강점기에 판사를 하다가 어떤 사람을 재판해서 사형을 시킵니다. 그런데 그 뒤에 진범이 나타나 당신이 죄가 없는 사람을 죽였다는 것을 알고는 충격을 받아 판사직을 그만두고 출가해서 바로 화두 참선해서 깨칩니다. 이와 같이 어떤 처절한 사건을 경험하거나 가까운 사람의 갑작스러운 죽음으로 인생의 허망함을 알아 생사를 해탈하는 구도의 길로 바로 가기도 합니다. 하지만 이런 경우는 드물기에 일반적으로는 불교를 공부해서 정견을 세우고 신심, 발심을 일으켜 참선을 시작하는 것이 좋습니다.

성철 스님도 이와 비슷한 과정으로 참선을 시작했습니다. 『채근담』이란 책의 한 구절이 마음에 와닿아 불교를 공부하기 시작해서 선어록인 『증도가』를 보고 마음이 밝아져서 참선하고 싶은 마음이 났습니다. 그래서 고향인 산청에 가까운 지리산 대원사로 요양하러 가서 만해 한용운 스님이 발간하던 『불교』잡지를 보고 참선하는 법을 익혔습니다. 그렇게 혼자서 화두 참선을 시작한 지 42일 만에 화두 한 생각이 움직일 때나 앉아 있을 때나 끊어지지 않고 지속되는 동정일여動靜一如에 이르렀습니다. 성철 스님도 재가자로서 혼자 화두 참선을 시작해서 단기간에 동정일여를 체험하며 방황하지 않고 영원한 대자유의 길로 가셨습니다.

셋째, 불교를 공부해서 정견이 서고 신심과 발심이 난 사람은 선지식을 찾아가 공부 점검을 받는 문답을 하면서 화두를 받습니다. 이때 선지식은 반드시 신뢰할만한 분을 찾아가야 합니다. 선지식은 화두를 제시하고 공부길을 점검해줍니다. 총림의 방장스님이나 선원의 조실, 유나, 선원장 스님들이 선지식으로 모실 만한 분들입니다.

　요즘 주변에 스스로 깨쳤다고 큰소리치는 분들이 더러 있습니다만, 말하는 것을 들어보면 엉터리가 많습니다. 정견도 갖추지 못한 사람들이 공부하다가 뭔가 조금 체험하면 깨쳤다고 착각하는 경우도 많습니다. 이런 분을 선지식으로 알고 공부하게 되면 잘못된 공부를 할 수 있으니 반드시 검증된 선지식을 찾아가야 합니다.

선지식에 의지하여
공부하라

18

선지식의 지도와 화두

다른 불교 공부도 마찬가지지만, 이 화두 참선은 반드시 선지식에 의지해서 공부해 가야 합니다. 이 마음 공부는 우리의 정신세계, 내면을 탐구하여 깨치는 공부이니만큼 깨친 분이나 오랫동안 공부해서 이론과 체험으로 바른 안목을 갖춘 분께 지도받는 것이 바람직합니다. 그런 점에서 초심자들이 알아야 할 선문禪門의 몇 가지 중요한 사례를 소개해드립니다.

먼저, 달마 대사와 혜가 스님의 만남과 문답을 통해 깨친 인연이 유명합니다. 혜가 스님은 어려서 명문가에서 태어나 유교의 사서삼경을 읽고, 노자·장자까지 섭렵하였으나 마음이 늘 초조하고 불안하였습니다. 마침내 불경을 보고는 마음에 와닿아 출가합니다. 하지만 부처님 경전을 볼 때는 너무나 신심이 나고 기뻤지만, 경전을 덮고 일상생활을 하면 여전히 마음이 초조하고 불안하였습니다. 주변에는 아무도 이 불안한 마음을 해결해 줄 분을 찾을 수 없었습니다. 그 무렵 마침 인도에서 대선지식이 소림사에 왔다는 소식을 듣고는 찾아갑니다.

당시 달마 대사는 동쪽으로 선법을 전하러 왔지만, 양무제가 법문을 알아듣지 못하자 장강을 건너 숭산 소림사로 와서는 일체 법문을 하지 않고 때를 기다렸습니다. 이때 혜가 스님이 찾아온 것입니다. 혜가 스님은 간절한 마음으로 선지식을 찾아와 법문을 들으려 했으나, 묵언으로 일관하는 선지식을 보자 마음이 더 편치 않았어요. 하지만 혜가 스님은 다른 큰스님의 법문으로는 해결할 수 없었던 초조하고 불안한 마음이 있었고, 달마 대사는 이것을 능히 해결해 주실 것이라는 믿음이 있었습니다.

그러던 어느 날 더이상 기다릴 수 없다고 생각하고 반드시 이 문제를 해결하고야 말리라 굳은 결심으로 조사당에 가서 뵙기를 청하고 기다렸습니다. 하지만 조사당 문은 열리지 않았습니다. 밤이 되자 눈이 내리기 시작하고 혜가 스님은 밤새 눈사람이 되어 새벽을 맞았습니다. 그래도 소식이 없자 마침내 혜가 스님은 차고 있던 칼을 꺼내 자신의 왼팔을 내리쳤습니다. 이 광경이 그 유명한 혜가 대사의 '구법단비求法斷臂' 이야기입니다.

한 수행자가 대사의 법문을 청하기 위해 팔을 끊었다는 말을 듣자 달마 대사는 드디어 기다리던 구도자가 나타났다고 확신했습니다. 그리하여 혜가 스님을 불러 묻습니다.

"너는 어찌 왔느냐?"

"마음이 초조하고 불안해서 왔습니다. 제 마음을 편안케 해주십시오"

"너의 그 마음을 가져오너라. 내가 편안케 해주겠노라"

이 말을 듣고 혜가 스님은 무심코 늘 불안한 마음을 보여드리려고 돌이켜 보았습니다. 그런데 그 마음이란 찾을 수조차 없었습니다. 그리하여 이렇게 답합니다.

"마음이란 찾을 수도 보여드릴 수도 없습니다."

"너는 그 찾을 수도 보여줄 수도 없는 마음 때문에 그렇게 괴로워하느냐!"

이 말을 듣는 순간 혜가 스님은 활연대오豁然大悟합니다. 한 마디로 언하대오言下大悟한 것이죠. 혜가 스님은 평생 자기 마음이 있다고 생각했고 늘 초조하고 불안한 마음 때문에 괴로워했는데, 달마 대사의 말을 듣고 보니 마음이란 있는 것이 아니란 것을 깨칩니다. 바로 부처님처럼 중도연기·무아·공을 깨친 것입니다.

이 혜가 스님이 바로 동아시아 조사선祖師禪의 기원이 됩니다. 해동 초조 달마 대사에 이어서 혜가 스님이 깨달아 조사가 되어 그 선법을 이었기에 2조가 되었습니다. 여기에서 알 수 있듯이 구도자는 선지식을 믿고 위법망구爲法忘軀 정신으로 깨달음을 향해 일심으로 나아가야 합니다. 혜가 스님처럼 영원한 대자유와 행복을 위해서는 몸을 버릴 용기가 있어야 깨칠 수가 있습니다. 혜가 대사의 구도와 깨달음 이야기는 우리에게 크나큰 교훈을 줍니다.

3조 승찬 대사의 죄와 깨달음

깨달아 조사가 된 혜가 대사가 법문하고 있을 때 한 거사가 10년이 넘게 말없이 법문을 들으러 다녔습니다. 그 거사는 불치병인 문둥병을 앓고 있었지요. 그는 자신이 전생에 무슨 죄를 지었길래 이런 몹쓸 병에 걸려 고생하는지 괴로운 마음으로 법문을 들으러 다녔습니다. 그러던 어느 날 거사는 용기를 내어 혜가 대사를 찾아가 묻습니다.

"제가 전생에 무슨 죄를 지었길래 이렇게 몹쓸 병에 걸려서 괴롭게 살고 있습니까? 제 죄를 참회케 해주십시오"

이 말을 들은 혜가 대사는 그 거사에서 묻습니다.

"네 죄를 가져오너라. 내가 참회케 해주겠노라."

거사는 자신의 전생 죄를 찾아봅니다. 그러나 도저히 찾을 수도 알 수도 없었습니다. 그리고는 이렇게 답합니다.

"저의 전생 죄를 찾을 수도 알 수도 없습니다."

이 말에 혜가 대사는 다시 말해줍니다.

"너는 그 찾을 수도 알 수도 없는 죄 때문에 그렇게 고생하느냐?"

이 말을 듣고 거사는 문득 내가 본래 없다는 무아·공을 깨칩니다. 깨치고 보니 문둥병 때문에 스스로 마음을 괴롭히던 전생 죄의식이란 것도 실체가 있는 것이 아니라, 단지 있다고 착각하고 집착했을 뿐이란 것을 알았습니다. 스스로 '내가 있다', '전생이 있다', '죄가 있다'는 착각에서 깨어나 해탈한 것입니다. 혜가 대사는 거사가 깨치자 인가해주며 출가케 하여 '승찬僧璨'이라 법명을 지어 주고 3조로 삼았습니다. 이분이 오늘날 선어록 중에 가장 문장이 아름답다는 『신심명信心銘』의 승찬 대사입니다.

위의 두 가지 문답과 깨달음은 당나라 시대에 편찬(952년)된 『조당집祖堂集』과 송나라 시대에 간행(1004년)된 『전등록傳燈錄』에 기록된 조사들의 이야기입니다. 깨달음의 인연은 달라도 내용은 중도연기를 깨친다는 것은 부처님과 같습니다. 동아시아의 조사선에서는 부처님과 조사는 깨달은 분으로 같이 보아 불조佛祖라 부릅니다. 조사님들에 의해 불법이 대대로 전승되어 오늘에까지 이어진 것입니다.

조사의 문답과 화두

조사님들에 의해 전해지던 선법이 당나라를 거쳐 송나라 시대에 이르면, 재가자들도 참선하고 싶어 합니다. 특히 고위 관료 등 사대부계층이 높은 정신세계를 추구하다 보니 참선으로 이어지게 된 것이죠. 그렇지만 조사님들은 주로 깊은 산중에 있었기에 자주 만나 참선을 배울 수가 없었습니다. 이에 조사들이 깨친 인연을 모티브로 해서 화두 참선법인 간화선看話禪이 나오게 된 것입니다.

이미 부처님 당시에도 염화시중拈花示衆의 미소와 같은 화두 비슷한 문답이 있었습니다. 또 달마와 혜가, 혜가와 승찬 사이의 문답도 바로 화두와 비슷한 경우입니다. 6조 혜능 대사에 이르면 화두의 원형으로 보이는 좀더 분명한 문답이『육조단경』에 나옵니다. 5조 홍인 대사의 회상에서 혜능 행자가 깨치고 가사와 발우를 물려받고, 6조가 되어 남쪽으로 내려오다가 대유령 고개까지 쫓아온 혜명 스님을 만납니다. 이때 혜명 스님이 가사와 발우를 찾으러 온 것이 아니라 법을 구하러 왔다고 하니, 혜능 대사가 묻습니다.

"선도 생각하지 말고, 악도 생각하지 말아라. 이럴 때 네 본래면목이 무엇이냐?"

이 말을 듣는 순간 혜명 스님은 확철대오합니다. 언하言下에 깨친 것이죠. 이것이 바로 화두의 원형이라 할 수 있습니다.

화두 참선하는 법

19

화두話頭란 무엇인가?

화두는 참선할 때 참구하는 말입니다. 그런데 이것은 보통 말이 아니고, 선사禪師들이 쓰는 특별한 말입니다. 전국 선원장 모임인 선원수좌회가 종단과 같이 펴낸『간화선』이란 책에 보면 화두를 이렇게 정의합니다.

"화두란 모든 사유와 분별의 통로를 막는 선사들의 독특한 언어이다."

화두라는 말의 '화話'가 말 또는 이야기라는 뜻이며, '두頭'란 의미 없는 접미사입니다. 또 어떤 이는 머리(頭)라 하기도 하는데 말머리가 되지요. 어떻든 화두란 말 또는 말머리라 합니다. 그런데, 이 '말'은 우리가 일상에서 쓰는 '말'과는 다릅니다. 보통 쓰는 말은 '있다-없다', '나-너', '선-악' 등과 같이 상대 분별하는 말입니다. 우리가 일반적으로 하는 말은 다 이런 식으로 대립하는 양변의 분별심에서 나오지요. 하지만 간화선에서 화두는 이런 상대 분별의 말을 끊는 절대세계의 말입니다. 그래서 화두란 말의 길과 생각의 길이 끊어진 말이라 합니다. 또 화두를 조사가 되는 관문이라고도 합니다. 조사가 던진 화두를 타파하면 조사가 됩니다.

화두는 다른 말로 공안公案이라고도 합니다. 공안이란 중국 옛날 조정의 공문을 말합니다. 워낙 땅이 넓고 인구가 많은 중국에서 관리들이 공무를 처리할 때 조정의 공문 즉 공안이 기준인 것처럼 화두도 참선 수행자의 공부 기준이 되니 그렇게 부르기도 합니다.

화두 참구하는 법

간화선을 제창한 대혜 스님의 편지모음집『서장書狀』에 화두 참선하는 법이 자세히 나와 있습니다.『서장』에서 대혜 스님이 알려주는 '조주 무無'자 화두 참구하는 법은 이렇습니다.

"어떤 스님이 조주 스님에게 '개에게 불성이 있습니까?' 하니, 조주가 답하기를 '없다'고 했습니다. 이 한 글자는 허다한 나쁜 지식과 생각을 꺾는 무기입니다. '있다-없다'는 분별을 하지 말며, 도리道理에 대한 분별을 하지 말며, 의식을 향하여 분별하지 말며, 눈썹을 치켜들고 눈을 깜짝이는 곳을 향하여 뿌리내리지 말며, 말길을 따라 살 계획을 짓지 말며, 일 없는 속에 머물러 있지 말며, 화두 드는 곳을 향하여 깨달으려 하지 말며, 문자 속을 향하여 인용하여 증명하려고 하지 마십시오."

부처님은 일체 중생에게 불성이 있다고 했습니다. 그런데 조주 스님은 '없다'고 합니다. 어째서 조주 스님은 무라 했을까요? 이것을 참구하는 것이 화두 공부하는 법입니다. 이 '무無'자 화두 공부하는 법은 "어째서 조주는 '무無'라 했을까?" 이 의문에 몰입해야 합니다 '유-무' 양변의 분별심으로 답을 찾으려 하면 안 됩니다. 그냥 "어째서 '무無'라 했을까?" 이 말만 순수하게 참구해서 답을 찾아야 합니다.

만약 화두를 참구하는데 상대 분별심인 알음알이가 작동되면 화두의 기능이 죽어 버립니다. 상대 분별심을 차단하는 화두가 사유 분별심을 일으키면 알음알이가 조장됩니다. 그러면 활구活句가 안 되고 사구死 句가 됩니다. 즉, 화두에 순수한 의심이 일어나지 않고 분별심으로 분석하고 따지게 되어 화두가 죽어버리는 것이죠. 그래서 화두 참선을 할 때 화두는 순수하게 의심만 지속시켜 가야 합니다.

조주 스님의 '무無'자 화두를 예로 들어 설명하겠습니다. 부처님 말씀에는 일체중생이 다 불성이 있다고 했습니다. 그런데 조주 스님은 없다고 말했어요. 수행자 입장에서는 이 말이 이해가 되지 않지요? 그러니 "부처님께서는 일체중생이 불성이 있다고 했는데 어째서 조주 스님은 '무無'라고 했을까? 어째서 무라 했을까? 어째서?" 이렇게 강한 의문의 화두 한 언구를 지속시켜 나아가야 합니다. 즉, 화두를 의심하는 한 생각이 10초, 20초, 30초, 1분, 2분 이렇게 지속해야 양변의 분별심이 끊어져 화두 일념一念이 되어 삼매三昧로 들어가는 겁니다.

화두 한 생각이 지속되면 망상이 일어나지 않아 의식이 또렷또렷하면서도 고요한 경지를 체험하게 되는데 이것을 삼매라 합니다. 이 화두 삼매를 '성성적적惺惺寂寂'이라 합니다. 참선할 때 화두가 또렷또렷한 것을 '성성惺惺'이라 하고, 화두가 성성하면 번뇌망상이 사라져 저절로 '적적寂寂'이 되어 성성과 적적이 동시에 됩니다. 화두 의심이 지속되면 시끄럽고 복잡하던 우리 의식이 성성적적 삼매로 변합니다. 또렷또렷하게 깨어있으면서 번뇌망상이 일어나지 않아 고요합니다.

깨달음이 성취된 부처님이나 도인은 이 삼매로 살아갑니다. 일체의 분별망상이 사라지고 성성적적 삼매로 하루 24시간을 보내니 매일매일 좋은 날이 되는 것입니다. 간화선을 창시한 대혜 스님은『서장』에서 재가자들이 화두 공부하는 법을 이렇게 말합니다.

"다만 하루 생활 속에서 항상 참구해 가기를, '개에게 불성이 있습니까? 없다'고 한 것을 일용日用에서 여의지 아니하고 공부해 나가면 언젠가는 문득 스스로 보게 될 것입니다. 그러면 한 군내 천 리의 일이 모두 서로 방해가 되지 않을 것입니다. … 만약 일용을 떠나서 따로 구하는 것이 있으면, 이는 파도를 떠나서 물을 구하는 것이며, 금 그릇을 떠나 금을 구하는 것입니다. 구할수록 더욱 멀어지게 될 것입니다."

화두 참구는 생활 속에서 하라고 강조하지요. 우리가 잠에서 깨어나 세수하고 밥 먹고 일하러 가고 오는 생활 가운데 틈틈이 화두를 공부하라는 겁니다. 이렇게 화두 참선이 생활화되면 어느 날 문득 스스로 알게 됩니다. 마음이 밝아지고 지혜가 나오기 시작하지요. 그러면 하는 일이 원만히 잘 풀립니다. 번뇌망상이 현저히 줄고 마음이 밝아지고 일상생활을 지혜롭게 해 나갈 수 있습니다. 그래서 대혜 스님은 이 화두 참선을 일상생활 속에서 할 것을 강조합니다. 생활을 떠난 참선은 파도 속에 있으면서 밖으로 물을 찾고, 금 그릇을 가지고도 밖에서 금을 찾으려는 격이니 구하려 할수록 멀어집니다.

지금 우리 선방을 보면, 대체로 좌선 위주로 공부하고 있습니다. 특히 여름, 겨울 안거 때 전적으로 좌선만 하는 선원이 대부분입니다. 이것은 매우 바람직하지 않아요. 안거 때 선원에서도 공양, 청소, 농사 등

운력을 하면서도 화두 공부를 병행하는 정동중靜中動 공부가 필요합니다. 일상생활과 화두 참선이 둘이 아닙니다. 특히 재가자들은 생계를 유지해야 하니 더욱 더 생활에서 화두 참구를 해나가는 것이 좋습니다.

'이뭐꼬?' 화두 드는 법

이번에는 '이뭐꼬?' 화두 드는 법을 말씀드리겠습니다. '이뭐꼬?' 화두는 우리나라 불자들이 가장 많이 참구하는 화두입니다. 참구법은 이렇습니다.

"마음도 아니요, 물건도 아니요, 부처도 아닌 이것이 무엇인고? 이뭐꼬?"

흔히 우리는 마음이 부처다, 부처를 한 물건이라 하기도 합니다. 그런데, 그것이 아니라는 것입니다. 그래서 "마음도 아니요, 물건도 아니요, 부처도 아닌 이것이 무엇인가? 이뭐꼬?" 이렇게 참구해 가야 합니다.

'이뭐꼬?' 화두는 이것 말고도 "이 몸뚱이 끌고 다니는 이것이 무엇인가? 이뭐꼬?" 화두도 있고, "어떤 것이 부모미생전 본래면목인가? 이뭐꼬?" 화두도 있습니다. 이것이 모두 '이뭐꼬?' 화두라 하는데, '이뭐꼬?' 앞에 무슨 의문을 제기하느냐에 따라 달라집니다.

'이뭐꼬?' 화두를 참구할 때는 반드시 앞의 전제를 처음 받은 그대로 하셔야 합니다. 가령, "이 몸뎅어리 끌고 다니는…" 할 때도 그대로 해야 하고, "부모미생 전…" 할 때도 그대로 해야 합니다. 그러지 않고 그냥 '이뭐꼬?'만 하는 분이 더러 있는데 이것은 바른 공부가 아닙니다. 예를 들어 '이뭐꼬?'만 할 경우 밥 먹을 때 '밥 먹는 이뭐꼬?' 할 수도 있고, 길을 걷다가 '걸어가는 이뭐꼬?' 하게 되면 매 경계마다 '이뭐꼬?'를 붙이게 되어 경계를 자꾸 따라가니 의식이 산만해지고 분산됩니다. 이것은 바른 공부가 아닙니다. 처음 받은 그대로 해야 합니다.

또한 '이뭐꼬?'를 참구할 때 앞에 일구인 "이 몸뎅어리 끌고 다니는…"을 하지 않고 '이뭐꼬?'만 하는 분도 있습니다. 이것도 잘못하는 것입니다. '이뭐꼬?'만 하면 의문도 잘 일어나지 않고, 그 화두에만 빠져 고요한 경계에 머물거나 집착하게 됩니다. 그래서 처음 시작할 때는 항상 받은 대로 참구해야 합니다.

화두 삼요와 의정

20

화두 삼요三要

화두 공부인에게 가장 문제가 바로 화두에 의심이 잘 안 된다는 것입니다. 이 간화선은 화두 하나에 몰입하여 일념—念이 되면, 삼매가 되어 삼 일 또는 칠 일 만에 깨친다고 조사 스님들이 한결같이 하시는 말씀입니다. 화두 참선은 다른 것이 필요 없습니다. 오직 화두 하나가 또렷또렷하게 지속되면 모든 것이 저절로 풀립니다. 또 화두 참선은 다른 수행과 달리 천 가지, 만 가지 생각을 화두 하나로 모아가기 때문에 강한 힘이 있습니다. 그래서 지름길이라 하지요.

그런데 이 화두 일념이 잘 안 되는 것이 문제입니다. 참선이 지름길이라 하여 많은 불자들이 참선하고 싶어 도전합니다만, 중도에 포기하고 다른 길을 가는 경우가 많습니다. 대부분 화두가 잘 안 되기 때문이지요. 어떤 사람은 화두가 좋다니 해보다가 안 되니까 화두 참선을 비난하고 잘못된 공부라 욕하는 경우도 있어요. 참 안타까운 일입니다. 자기가 공부하는 법을 잘 알지 못해 안 되는 것이지, 화두 참선이 문제라는 것은 목수가 연장 나무라는 격이고, 자기가 본래부처라는 것을 모르는 무지의 소치입니다.

거듭 말씀드리지만, 화두 공부가 잘 안 된다면, 그것은 중도정견과 신심, 발심의 문제입니다. 즉, 중도정견이 서지 않아 자기 자신과 세상에 대하여 의심이 남아 있어 분별망상에 끄달리거나, 자기 자신이 본래 부처라는 믿음과 단박 깨쳐 부처로 살아가려는 발심이 굳건하지 못하기 때문입니다. 반대로 중도정견이 서서 자기 자신과 세상에 더 의심이 없다면 분별망상은 착각일 뿐이니 놓아버리고 오직 화두 하나만 밀고 나갈 수가 있습니다. 그래서 자신이 본래부처라 믿고, 오로지 화두만 참구해서 중생이란 착각을 단박에 깨쳐 영원히 행복한 부처로 살아가겠다고 정진하는 것입니다.

중국 원나라 때 대선지식 고봉(高峰, 1238~1295) 스님은 화두 공부할 때 세 가지 요소인 대신심, 대분심, 대의심을 갖춰야 한다고 했는데, 이것을 간화선의 삼요三要라 합니다.

"만약 참선을 착실하게 하자면, 반드시 세 가지 요소를 갖추어야 한다.

첫째, 큰 믿음(大信心)이다. 이 일은 수미산을 의지한 것과 같이 흔들림이 없어야 한다.

둘째, 큰 분심(大憤心)이다. 마치 부모를 죽인 원수를 만났을 때 단칼에 두 동강 내려는 마음이다.

셋째, 큰 의정(大疑情)이다. 마치 어두운 곳에서 한 가지 중요한 일을 마치고 곧 드러내려 하나 드러나지 않

155

을 때와 같은 마음이다.

하루종일 이 세 가지 요소를 갖춘다면 반드시 하루 안에 공을 성취하여 독 안에 자라가 달아날까 두려워하지 않는다. 만일 이 가운데 하나라도 빠지면 마치 다리 부러진 솥이 결국 못 쓰게 되는 것과 같다."

- 『선요』

이 삼요三要는 화두 참구에서 가장 중요한 세 가지 핵심입니다. 고봉 스님 이후 모든 간화 선사들은 한결같이 이 삼요를 강조합니다.

대신심大信心

큰 신심이란 부처님과 부처님이 깨달은 세계, 영원히 행복한 세계에 대한 확고한 믿음을 말합니다. 세속의 행복은 상대적인 조건에 따른 행복이지만, 부처님이 깨달은 세계는 절대적인 영원한 행복입니다. 중생은 허망한 착각일 뿐 본래는 부처입니다. 우리는 부처님처럼 무한한 지혜와 능력을 다 갖추고 있습니다. 자기 자신이 중생이란 것은 착각일 뿐 본래부처라는 것을 믿어야 합니다. 성철 스님이 "자기를 잡철로 보는 것은 착각이고 본래는 순금"이라 했듯이 자기 자신을 바로 보아 절대적이고 무한 능력에 대한 믿음이 흔들리지 않아야 합니다. 이것이 큰 신심입니다.

더 나아가 화두에 대하여 흔들림 없는 믿음이 있어야 합니다. 이미 헤아릴 수 없이 많은 조사 선지식들께서 화두를 타파하여 생사를 해탈하고 영원한 행복을 성취하였습니다. 화두는 조사가 되는 관문이고 영원한 행복의 길로 돌아가는 관문입니다. 이 화두에 대하여 의문이나 혼란이 있으면 공부가 안 됩니다. 화두가 내 생사의 괴로움을 해탈케 한다는 확고한 믿음이 있어야 합니다. 이 믿음이 강하면 강할수록 공부가 빠르게 나아가고 깨달음이 그만큼 빠르게 됩니다.

대분심大憤心

대분심은 크게 분한 마음입니다. 부처님과 조사 선지식은 내가 본래부처라 했는데, 나는 왜 착각에 빠져 중생이라 억울하게 살고 있는가. 나의 자성은 연기·무아이니 부처님과 하등 다를 것이 없는데 어째서 분별망상에서 벗어나지 못하는가? 나는 본래부처인데, 짜증과 화, 욕심과 어리석음으로 헉헉대고 살고 있는 것에 대하여 크게 분한 마음을 일으켜야 합니다. 화두 참선자는 화가 나거나 자기에 집착하여 주변 사람들과 갈등을 빚을 때 자기 자신에게 크게 분심을 내어야 합니다. 특히 화두 공부하는 사람은 남들이 공부를 잘하는 모습을 보면 스스로 자기 공부를 점검하고, 분별 망상에 허덕이거나 탐진치 삼독심에 집착하는 자신을 경책하고 큰 분심을 내어야 합니다. 이 분심이 클수록 공부에 자극이 되어 화두 일념으로 가는 동기 부여가 됩니다.

대의심大疑心

화두를 참구할 때는 화두를 크게 의심해 들어가야 합니다. 화두는 논리나 이치로 답을 찾는 것이 아니라 순수하게 의심을 지속시켜 가야 합니다.

"어째서 삼서근이라 했을까? 어째서…"

"어째서 조주는 무라 했을까? 어째서…"

"이 몸뚱어리 끌고 다니는 이것이 무엇일까? 이뭣꼬?"

"부모미생전 본래면목이 무엇인가? 이뭣꼬?"

이와 같이 화두를 순수하게 의심해 가야 합니다. 화두에 대한 의심이 클수록 의정疑情이 돈발頓發됩니다. 크게 의심할수록 크게 깨칩니다. 화두 의심이 강할수록 화두 일념이 쉽습니다. 화두 참선은 알 수 없는 화두에 대하여 의심을 크게 일으켜 그 의심이 강하면 공부가 쉽습니다. 화두 의심이 크고 간절하면 번뇌 망상은 저절로 사라지고 오직 화두 하나만 또렷또렷하게 의심을 지속해 나갈 수 있습니다.

이처럼 대신심, 대분심, 대의심의 간화선의 삼요가 잘 갖춰져야 화두가 잘됩니다. 그렇지 않고 어느 하나라도 부실하면 삼륜차의 세 바퀴 중 하나가 빠지면 차가 갈 수 없듯이 이 화두 공부를 해나갈 수가 없습니다. 그러니 화두 참선을 할 때 화두가 잘 안 된다는 생각이 들면, 화두의 삼요를 점검하고 대신심·대분심·대의심을 일으켜 나아가야 합니다.

화두 의정疑情으로 바로 들어가라

우리가 화두 참구할 때는 그냥 순수하게 화두를 깊이 의심하고 의심해 들어가야 합니다. 이때 화두에 대한 의심이 하나의 감정 상태로 지속되는 것을 '의정疑情'이라 합니다. 의정은 화두 의심이 하나의 감정感情이 된 겁니다.

화두는 의심하는 생각으로 드는 것보다 감정으로 드는 것이 공부가 더 빠르고 깊습니다. 생각으로 든다는 것은 화두의 언구言句를 되뇌는 것입니다. 화두를 생각으로 들 때는 화두 드는 나와 대상인 화두가 벌어져 있지만, 화두를 감정으로 들게 되면 나와 화두 의심이 하나의 감정이 됩니다. 예를 들어 사랑하는 가족이나 친구가 갑작스러운 사고로 죽었을 때나 주체할 수 없는 슬픈 감정에 휩싸여 있는 것처럼 화두도 그와 같이 감정 상태가 되는 것입니다.

화두를 들면 누구나 알 수 없는 막막함과 갑갑함을 느끼게 됩니다. 화두를 모르니 막막하고 갑갑할 뿐입니다. 마치 갑갑한 벽을 마주한 느낌과 같습니다. 화두를 알려고 하나 알 수 없으니, 느껴지는 갑갑한 감정 상태가 바로 화두 의정입니다. 화두를 들었을 때 막막하고 갑갑한 감정 상태로 바로 들어가 이것을 또렷또렷하게 지속시켜 나가면 바로 의정으로 들어가게 됩니다. 이 화두 의정이 지속되면 바로 일념이 되어 삼매가 됩니다.

그러므로 처음 화두를 받았을 때 모른다고 어렵다고 하는 생각을 버리고 믿음을 내어 바로 화두로 들어가야 합니다. 우리는 흔히 화두를 들려 해도 망상이 물밀 듯이 밀려와 화두를 놓치기 쉽습니다. 그런데 화두 의정이 바로 되면 화두가 감정 상태로 지속되어 망상은 신경 쓰지 않게 됩니다. 화두 의정이 되면 화두 일념, 즉 삼매도 쉽게 체험하게 됩니다. 화두 삼매를 한 번이라도 체험한 사람이라면 화두 참선에 확신이 듭니다. 화두 삼매를 체험한 사람은 이 화두에 흔들리지 않는 믿음으로 더 자신 있게 당당하게 정진해 나갈 수 있습니다.

백척간두와
활구 참선

21

화두 의단, 타성일편

화두 참선할 때 화두 의심이 순수하게 깊어지면 의정疑情이 됩니다. 중도정견이 서고 화두로 체험해 나갈 때 분별망상에 신경쓰지 않고 오직 화두 하나에 집중해 들어가면 자연스레 의정이 됩니다. 무문 (1183~1260) 선사는 『무문관』에서 이렇게 말합니다.

"조사의 관문을 뚫고자 하는 사람이 있는가? 360개의 골절과 8만4천 개의 털구멍으로 온몸을 다하여 의단疑團을 일으켜야 한다. 무자를 참구하되 이 무자를 밤이나 낮이나 항상 들고 있어야 한다. '허무하다'는 뜻으로도 이해하지 말고 '있다-없다'는 뜻으로도 이해하지 말라. 마치 뜨거운 쇳덩어리를 삼킨 것과 같아서 토하고 토해내도 나오지 않는 듯이 하여 이제까지의 잘못된 알음알이를 몽땅 없애야 한다. 이와 같이 꾸준히 지속하여 공부가 익어지면 저절로 몸과 마음이 무자 화두와 한 덩어리가 되어 타성일편打成一片을 이룰 것이다."

무문 선사의 말씀처럼 화두를 간절히 의심해 들어가면 의심이 감정이 된 의정이 되고, 이 의정이 지속되면 의심 덩어리가 되어 의단疑團이 됩니다. 이때 화두 의심을 계속 밀고 들어가면 의단이 홀로 드러나 독로합니다. 이를 의단독로疑團獨露라 합니다. 화두 드는 사람과 화두가 온전히 하나가 되어 떨어지려야 떨어질 수가 없는 경지입니다. 이를 다른 말로 타성일편打成一片이라 하고요. 화두 한 생각이 하나의 조각처럼 분명하여 고요히 앉아 있거나 움직일 때도 성성합니다. 고려 말 간화종장으로 이름을 떨친 나옹 선사는 이 경지를 이렇게 말합니다.

"홀연히 밀어붙여 공부해 가면 화두를 들려 하지 않아도 저절로 들리고, 의정을 일으켜 의심하지 않아도 저절로 의심이 일어나는 경지에 이르게 된다. 여기에 이르면 생각이 미치지 못하고 의식도 움직이지 않게 되어 모든 맛이 사라진다."

― 『나옹어록』

태고 스님도 이 경지를 말합니다.

"만일 이런 진실한 공부를 쌓으면 곧 힘이 덜리는 곳에 이르게 되니, 그곳이 바로 힘을 얻는 곳이기도 하다. 화두가 저절로 성숙하여 한 덩이가 되어, 몸과 마음이 단박 비어 움직이지 않고 마음 가는 곳이 없어질 것이다. … 부디 털끝만큼도 다른 생각을 일으키지 말고, '본래면목이 무엇인가?' 또 '어째서 조주는 무라 했을까?'를 잘 돌아보아 이 말끝에 무명을 쳐부수면, 물 마시는 사람이 차고 더움을 저절로 아는 것과 같이 되리라."

-『태고어록』

은산철벽, 백척간두 진일보

화두 의심이 순일하게 지속되어 의정이 되고, 그 의정이 똘똘 뭉쳐 의단이 되어 타성일편으로 움직일 때나 고요할 때나 화두 일념이 지속되면 은산철벽銀山鐵壁에 이르게 됩니다. 은으로 된 철벽처럼 화두가 일념이 되어 흩어지지 않고 앞으로도 뒤로도 옆으로도 벌어지지 않고 온전히 하나가 된 경지를 말하지요.

이 은산철벽을 다른 말로 백척간두百尺竿頭라 합니다. 백 척이 33미터입니다. 우리가 33미터 높이의 장대 위에 서면 어떤 생각이 들까요? 아찔해서 아무 생각이 없습니다. 앞뒤 좌우 옴짝달싹할 수 없이 그냥 어떻게 할 수 없는 자리입니다. 이같이 화두가 일념이 되어 앞뒤, 좌우로 움직일 수 없는 것처럼 화두 이외에는 아무 생각이 나지 않는 경지를 말합니다. (백 척이란 말이 의미가 깊다. 속리산 법주사 미륵불이나 동화사 약사여래불도 높이가 백 척이다)

이처럼 화두가 은산철벽, 백척간두에 이른 경지는

낮밤 없이 화두 일념이 지속되어 오매일여에 이른 경지입니다. 이것은 깨달음 직전의 상태를 말합니다. 이때도 화두를 놓지 말고 그대로 밀고 나가야 합니다. 즉, 화두가 은산철벽처럼 꽉 막혀 있을지라도 백 척 장대 위에 서 있는 것처럼 앞뒤가 끊어져 어찌 할 수 없는 자리에서도 화두를 계속 밀어붙여 마지막 남은 힘을 다해 철벽을 깨듯이, 백 척 장대 위에서도 목숨을 걸고 한 걸음 더 내딛는 진일보로 화두를 타파해야 합니다. 나옹 선사는 그 경지를 이렇게 표현합니다.

"화두에 의심을 크게 일으켜 빈틈이 없게 하여
몸도 마음도 한바탕 의심 덩어리로 만드세.
거꾸로 매달린 절벽에서 손을 놓고 몸 뒤집으면
겁외의 신령한 빛이 서늘히 간담 비추리."

- 『나옹화상가송』

염화두와 사구, 그리고 활구

화두 참선의 요체는 화두에 대해 순수하고 간절한 의심이 되는 데 있습니다. 화두를 알려 하는데 알 수가 없으니 의심해 들어가 타파하는 것입니다. 그런데 화두가 안 되어 온갖 망상이 치성할 때 화두를 염불하듯이 되뇌는 것을 '염화두念話頭'라 합니다. 화두를 "이뭣고 이뭣고 이뭣고…" 하며 염불하는 것처럼 마음속으로 외는 것입니다. 이것은 염불하는 방법이지요. 화두는 간절히 의심해 일념을 지속하는 것인데, 염불하듯이 하는 것은 옳지 않습니다. 그때는 차라리 염불하는 것이 좋습니다. 염불도 일념으로 하면 삼매에 들어 깨칠 수가 있습니다. 태고 선사나 나옹 선사 모두 그렇게 법문한 기록이 분명히 있지요. 염불이나 주력도 일념이 되게 한다면 좋은 수행입니다. 다만, 화두를 할 때는 화두하는 방법으로 해야 합니다. 화두는 순수하게 간절히 의심을 지어 가야 합니다. 화두하는데 잘 안 된다고 염불하듯이 주력하듯이 하는 것은 잘못하는 것이니 이점은 분명히 알고 해야 합니다.

화두를 참구할 때 그 화두가 순수하게 의심이 되어 가면 활구活句, 분별하는 생각으로 논리적으로 헤아리면 사구死句라 합니다. 거듭 이야기하지만, 간화선에서 화두는 양변의 분별심을 끊어 순수하게 의심을 지속시켜 선정 삼매에 들어 깨치는 공부법입니다. 화두 공부인은 화두가 생명과 같은 것입니다. 그런데 이 화두가 이성적 사유 분별심으로 답을 찾으려 하면 죽은 말이 되어 공부가 전혀 되지 않습니다. 이런 사람은 영원히 깨칠 수가 없지요. 그래서 화두는 순수하게 의심해 들어가야 합니다. 화두를 순수하게 의심을 지속해 가는 것을 활구 참선이라 합니다. 활구 참선을 한다는 것은 화두를 순수하게 의심을 지속하여 화두 한 생각이 일념이 되는 것을 말합니다.

초심자들이 화두 공부할 때 유념해야 할 것 중 하나가 화두를 관觀하는 것과 의심하는 것을 구분하지 못하는 것입니다. '화두를 관한다'는 것은 화두를 지켜본다는 것입니다. 화두를 그냥 생각하며 지켜보는 것인데요, 이것은 화두 참선이 아닙니다. 화두는 화두 참선하는 나와 화두가 하나 되어 주관과 객관이 하나된 삼매에 들어가는 것입니다. 화두 드는 나와 화두가 주관과 객관으로 벌어져 있으면 일념―念도 되지 않고 화두 삼매에 들 수가 없습니다. 화두를 관해서는 의심이 되지 않으며 의정이나 타성일편이 될 수 없지요. 그래서 화두를 관해서는 안 됩니다. 화두는 주관과 객관이 하나 되게 의심해 들어가야 합니다. 화두는 상대 분별의 세계에서 절대세계로 들어가는 키와 같은 것입니다.

화두가 안 된다는 생각이 들 때 사실은 잘되는 때

화두를 참구할 때 '화두가 안 된다'는 생각이 들 때가 공부가 잘되어 가는 때입니다. 화두가 정말로 안 되는 사람은 화두에 대한 생각조차 없습니다. 화두 참선을 하는데 안 된다는 것은 계속해서 애쓰고 있는 것이니 이때는 '된다, 안 된다'는 생각조차 비우고 오직 화두를 믿고 '이 길만이 나를 영원히 행복하게 하는 길이다'는 확신으로 밀고 나가야 합니다.

대혜 선사는 『서장』에서 이렇게 강조합니다.

"생소한 곳은 익숙하게 하고, 익숙한 곳은 생소하게 하라."

초심자가 참선을 시작할 때 화두는 생소하고 번뇌 망상은 익숙합니다. 그런데 화두가 익숙해지면 망상은 가벼워지고 낯설어 갑니다. 화두가 생활화되고 익숙해져 힘을 들이지 않아도 문득문득 화두가 잡히면 마음이 가벼워지고 밝아지며 일상생활에서 지혜가 나오게 됩니다. 이것은 해보면 자연스럽게 알게 됩니다. 그래서 그 자리가 바로 힘을 얻는 자리입니다.

동정일여와
오매일여

22

화두 참선할 때 공부가 잘되어 화두 일념이 되면 대체로 세 단계를 거치며 깨달음으로 갑니다. 이것이 간화선의 동정일여動靜一如, 몽중일여夢中一如, 오매일여寤寐一如입니다. 화두 일념이 움직일 때나 고요할 때나 끊어지지 않고 이어지는 것을 동정일여, 잠이 들어 꿈을 꾸는 때에도 화두가 지속되는 것을 몽중일여, 깨어 있을 때나 잠을 잘 때도 한결같이 되는 것을 오매일여라 합니다.

그런데 선을 모르는 분들은 몽중일여나 오매일여를 부정합니다. 일반인들이 그렇게 말하는 것은 이해가 되는데, 불교학자들이나 불교계 신문에서도 이런 주장이 공공연히 나오는 것은 참으로 안타까운 일입니다. 그만큼 우리 불교계가 선에 대하여 모르고 있다는 증거입니다. 이것을 부정하는 분들의 주장은 사람이 잠을 자면 아무 생각이 없는데 어떻게 잠잘 때도 화두가 되느냐? 또, 꿈을 꿀 때도 어떻게 화두가 되느냐? 믿을 수 없는 말이라 합니다. 상식적으로 봐도 이해하기 어렵지요.

하지만 생사를 해탈한다는 깨달음이 어찌 쉬운 일이겠습니까? 그것이 상식적인 사고 안에서 해결되는 일이겠습니까? 경전이나 조사어록에는 '오매일여'라는 말이 많이 나옵니다. 특히 간화선을 제창한 대혜선사나 간화선으로 깨치고 직접 중국으로 임제종 조사를 찾아가서 인가받아온 태고 스님이나 나옹 스님도 오매일여를 말하고 계십니다.

성철 스님도 이 오매일여를 강조합니다. 참선할 때 적어도 화두가 동정일여나 몽중일여가 되어야 공부한다고 봐 줄 만하다는 것입니다. 더 나아가 성철 스님은 오매일여 정도 되어야 조실, 방장의 자격이 있다고 말씀하신 기록도 있습니다.

성철 스님이 오매일여를 강조한 이유가 있습니다. 간화선이 도입되어 선풍이 성성하던 고려 후기와 조선 초기까지는 화두가 오매일여를 지나 깨친다는 것이 분명한 기준이 되었습니다. 태고 국사나 나옹 왕사 같은 확철대오한 도인들은 오매일여를 지나 깨친다고 화두 공부 기준을 분명히 말씀하셨고, 그런 법맥과 선풍이 살아 있었습니다. 하지만 조선조에 불교가 탄압받아 선풍이 쇠퇴하여 일제 강점기까지도 깨달음에 대하여 혼란이 생겼습니다. 그러다 보니 화두 참선을 하다가 어떤 경계를 체험하고는 그것을 깨달음이라 착각할 수도 있습니다. 특히 바른 안목을 갖춘 선지식이 없을 때 참선 도중에 어떤 경계를 견성이라 오해하는 경우도 있습니다. 과거에 도인이라 불린 분들의 행동이나 말씀을 들어보면, 도인은 걸림 없이 산다고 하여 막행막식하며 승속을 넘나드는 경우도 더러 있었지요. 실제 어떤 집착도 없이 자유자재한 경지라면 다르지만, 아직도 욕망과 집착이 남아 있는 상태에서 스스로 깨쳤다고 도인을 자처하며 언행일치도 안 되는 이들이 세상 사람들에게 큰소리치는 것은 문제입니다.

성철 스님도 당시에 깨치지 못했으면서 도인 행세하는 분들을 많이 보셨을 겁니다. 그래서 "깨달음의 기준을 분명히 하자"는 입장에서 경전과 어록을 검토한 결과 조사들이 말씀하신 오매일여를 기준으로 삼은 것입니다. 성철 스님이 "화두가 자나 깨나 지속되는 오매일여가 되어야 깨친다"고 한 뒤로 선문에서는 도인 행세하는 분들이 많이 줄었습니다. 이젠 참선해서 "화두가 오매일여가 되어야 깨친다"고 분명한 기준을 세워놓았으니 그 기준에 미달하는 사람이 깨쳤다고 하기가 어렵지요. 그럼 깨달음으로 가는 화두 참구의 세 가지 단계를 구체적으로 살펴봅시다.

동정일여

화두에 신심, 발심이 강해질수록 화두 드는 힘이 붙습니다. 화두를 생활 속에서도 익숙하게 하면 화두가 의정이 되어 공부가 깊어갑니다. 이때 화두를 계속 밀어붙이면 화두 일념이 앉아서 할 때나 서서 움직일 때나 끊어지지 않는 경지가 되는데 이것을 동정일여라 합니다. 즉, 앉아서 좌선할 때나 일어나 포행하거나 화장실을 가거나 심지어 식당으로 가서 밥을 먹어도 화두가 끊어지지 않고 지속되는 동정일여가 될 수 있습니다. 화두 공부인은 화두가 또렷또렷하게 지속되는 경지에서 앉아 있을 때나 움직여도 화두가 흩어지지 않는 것을 알 수 있습니다.

화두가 동정일여가 되더라도 결코 말을 하면 안 됩니다. 화두가 의정이 되어 동정일여에 이르렀더라도 말을 하면 주관과 객관이 벌어져 분별심이 일어나 화두 의정이 끊어지게 됩니다. 그러므로 화두 공부인은 동정일여가 되면 묵언하면서 식사도 줄이고 잠도 자지 말고 계속 화두를 밀어붙여야 합니다.

성철 스님도 출가하기 전에 절에서 혼자서 참선을 하다가 42일 만에 동정일여를 체험했다고 하지요. 스님은 고향인 지리산 산청 대원사에 요양하러 갔다가 우연히 『불교』 잡지에서 간화선 교과서라는 『서장書狀』을 보고는 혼자서 화두를 들고서 참선을 시작한 지 42일 만에 동정일여에 이르렀습니다. 그 뒤에 해인사로 가서 동산 스님에게 머리를 깎으면 평생 참선할 수 있다는 말을 듣고는 출가하게 되었습니다. 성철 스님은 이미 출가 전에 동정일여를 체험하였고, 출가하여 평생 참선의 길을 가서 이 시대의 대선지식이 되었습니다. 함께 정진한 일타 스님이나 법전 스님 말씀을 들어보면 성철 스님이 이 동정일여 체험을 말씀하실 때 신이 나서 시간 가는 줄 모르고 하셨다고 합니다. 화두가 동정일여가 되면 언어와 문자로는 도저히 알 수 없는 참선의 경지를 체험하게 되는 것입니다. 이것은 오직 체험의 세계라 말과 문자의 이해로는 도저히 알 수 없는 경지입니다.

오매일여

화두 공부가 동정일여가 되면 공부 입지가 분명해집니다. 화두를 계속 밀어붙이면 자나 깨나 끊어지지 않는 오매일여寤寐一如에 이릅니다. 우리는 일상에서 오매불망寤寐不忘이란 말을 많이 쓰지요. 뭔가에 큰 충격을 받으면 자나 깨나 그 생각이 잊혀지지 않고 떠오릅니다. 홀어머니가 전쟁터에 보낸 외아들을 생각하는 심정, 청춘 남녀가 한창 연정이 불타오를 때의 마음처럼 밤낮없이 그 생각이 꽉 들어차 있는 심정입니다. 이와 같이 화두도 의정이 깊어지면 깨어 있을 때는 물론이거니와 꿈을 꾸거나 잠이 들었을 때도 화두 일념이 지속됩니다.

성철 스님은 오매일여를 다시 몽중일여夢中一如와 숙면일여熟眠一如로 구분하였습니다. 몽중일여는 화두 공부인이 꿈을 꿀 때도 화두 의심이 지속되는 경지

174

이고, 숙면일여는 깊은 잠에 들어도 화두 일념이 계속되는 경지를 말합니다. 그래서 동정일여·몽중일여·숙면일여를 성철 스님이 제시한 화두 공부의 세 가지 관문, 화두 삼관三關이라 할 수 있습니다. 성철 스님 말씀을 보겠습니다.

"우리가 아무리 부처님이나 달마 대사 이상으로 큰 깨달음을 성취한 것 같은 생각이 들더라도 깊은 잠에 들어서 여전히 캄캄하면, 이는 망식妄識의 움직임이지 실제로 깨달은 것은 아닙니다. 공부를 하는 도중에 자기가 아무리 공부를 많이 한 것 같지만 잠이 꽉 들어서 공부가 안 될 때는 공부가 아닌 줄 알고 공부가 됐다는 생각을 아예 버려야 하는데 이것이 어렵습니다. 보통 공부해 가다 이상한 경계가 좀 나면, 이것이 견성이 아닌가, 성불이 아닌가, 또는 내 공부가 좀 깊이 들어간 것이 아닌가 하는 착각을 많이 일으키게 됩니다. 그렇지만 그 공부의 기준이 어디에 있느냐 하면 잠이 꽉 들어서도 공부가 되는가 하는 것입니다. 잠이 들어서도 공부가 되지 않으면 아직 공부가 안 된 줄 알아야 합니다. 그렇지 못하면 도적놈을 잘못 알아 자식으로 삼는 것과 같아서 손해만 있을 뿐 이익은 없습니다."

-『화두 참선법』

175

깨달아 부처, 도인이 되려면 깊은 잠에서도 공부가 되어야 한다는 것입니다. 화두 공부를 조금 하다가 어떤 경계를 체험하고는 견성한 것이라 착각할 수 있는데, 이것을 경계하면서 거기에 머물지 말고 더 화두를 밀고 나가야 함을 강조하는 말입니다. 성철 스님만 오매일여를 강조한 것이 아닙니다. 간화선을 제창하신 대혜 스님도 우리나라에서 처음으로 간화선으로 깨치고 직접 중국으로 가서 조사에게 깨침을 인가받은 태고 스님과 나옹 스님도 오매일여를 말합니다.

오매일여를 지나야 깨달음이다

23

대혜 스님의 오매일여

화두 참선을 제창하신 대혜(大慧, 1089~1163) 스님은
『서장』에서 당신이 깨치는 과정을 자세히 말하면서
꿈속 공부와 오매일여를 강조합니다. 스님은『서장』
의 「향시랑 백공에게 답함」이란 편지에서 "깨침과 깨
치지 못함, 꿈과 현실이 하나인가?"하는 물음에 "이것
은 한 조각의 인연입니다"라고 답합니다. 즉, 깨달음
과 못 깨달음, 꿈과 꿈 아닌 것이 모두 연기이니 실체
가 없다고 보면 하나입니다. 이것을 분별심으로 대하
면 양변에 빠져 혼란이 일어나지요. 그래서 대혜 스님
은『능엄경』에 나오는 "깨친 사람은 꿈이 없다"는 부
처님 말씀으로 꿈과 현실이 하나라는 것을 강조하면
서 이렇게 말합니다.

"도리어 세상을 보건대 오히려 꿈속의 일과 같다고 하니,
오직 꿈은 전체가 망상인데 중생이 전도되어 일상 눈앞
의 일을 실제라고 생각하고, 다만 전체가 꿈인 줄을 알지
못합니다. 그 가운데에 다시 허망한 망상으로 생각을 엮
어서 분별심이 어지럽게 나는 것을 실제의 꿈이라 생각
합니다. 다만 이것은 꿈속에서 꿈을 이야기하는 것이며
전도된 가운데 또 전도된 것임을 알지 못한 것입니다."

- 『서장』

다시 말하면, 꿈과 현실이 하나인데 착각에 빠져 분별망상으로 꿈과 현실을 나눠보아 혼란에 빠지지만, 그것은 모두 꿈속에서 꿈을 보는 것처럼 허망한 것입니다. 자신이 본래부처인 줄 모르고 착각에 빠진 사람은 그 삶이 꿈과 같은 데 그 꿈속의 삶에서 다시 꿈 이야기를 하니 얼마나 허망한 일이겠습니까?

그러면서 대혜 스님은 당신이 서른여섯 살 때 막혔던 공부 이야기를 해줍니다. 스님은 19세에 어록을 보다가 깨쳤다고 합니다. 그래서 천하를 다녀봐도 당신만큼 아는 이가 없어 보였고, 또 깨어 있을 때는 부처님께서 가르친 것을 의지하여 실천하고 부처님께서 야단친 것은 감히 어기지 않았습니다. 한 마디로 깨어 있는 일상에서 여여하니 스스로 만족하며 지냈습니다. 그러던 어느 날 잠자던 중 꿈에서 금은보화를 얻으면 기쁘기 한이 없고 어떤 사람이 칼이나 몽둥이로 겁박하거나 악한 경계를 만나면 두려워 떨다가 깨었습니다. 대혜 스님은 이렇게 말합니다.

"스스로 살펴 보니 이 몸이 있어도 잠들었을 때 이미 주인공이 되지 못하는데 하물며 지수화풍이 흩어지고 여러 고통이 성하게 일어나면 어찌 윤회를 받지 않겠는가? 하는 생각에 이르러 바야흐로 처음 바쁘게 공부하였다."

대혜 스님은 스스로 깨쳤다고 생각하며 지내다 꿈

속에서 역경계를 맞아 공포심을 느끼고는 깨치지 못했음을 알았습니다. 그리하여 곰곰이 생각해보니 스승인 담당문준(湛堂文準, 1061~1115) 스님이 돌아가실 때 원오 스님을 찾아가 공부를 마치라 한 말이 생각납니다. 원오 스님을 찾아가니 이렇게 말해줍니다.

"네가 말한 허다한 망상이 끊어지는 때를 기다려야 너는 저절로 오매일여寐寐一如에 이를 것이다."

대혜 스님도 처음 이 말을 듣고는 믿지 못합니다. 그런데 부처님이나 조사 스님들의 말씀이 거짓이 아니라는 믿음을 일으켜 다시 공부를 살펴 마침내 확철대오합니다.

"처음 듣고는 믿지 못해서 매일 내가 돌아보니, 자고 깨는 것이 분명히 두 조각이었습니다. 어떻게 감히 큰 입을 열어 선禪을 말할 수 있겠습니까? 오직 부처님께서 말씀하신 '자나깨나 한결같다(寐寐一如)'는 것이 거짓말이라면 나의 이 병은 제거할 필요가 없겠지만, 부처님 말씀이 과연 사람을 속이지 않는다면 이는 내가 통달하지 못한 것이라 생각했습니다. 뒤에 선사가 '모든 부처님의 출신처에 따뜻한 남풍이 불어온다'고 한 말을 듣고, 홀연히 가슴에 막힌 물건을 없애고 바야흐로 부처님의 말이 참된 말이며, 진실한 말이며, 한결같은 말이며, 속이지 않는 말이며, 거짓 없는 말이며, 사람을 속이지 않는 참다운 대자비라, 몸을 가루로 만들어 목숨을 바쳐도 가히 갚을 수 없음을 알았습니다."

-『서장』

이것이 간화선을 제창한 대혜 스님이 깨친 인연입니다. 대혜 스님 역시 처음에는 오매일여를 믿지 못했습니다. 그러다 선지식의 말씀을 듣고 공부를 돌아보니 옳은 말씀이었지요. 깨어 있을 때는 여여했으나 꿈에서는 분별망상이 그대로였지요. 그래서 정신을 차리고 부처님과 조사들이 한결같이 말씀하신 자나 깨나 일여한 경지를 투과해서 언하대오한 것입니다. 깨어 있을 때뿐만 아니라 꿈속이나 잠이 들었을 때도 일체 분별망상이 없어야 깨달음이지요.

이와 같이 깨달음을 성취한 대혜 스님은 부처님과 역대 조사스님들의 말씀이 진실되다는 것을 거듭거듭 찬탄하며 그 길을 일러주신 대자비에 온몸을 가루로 만들어 보답할지라도 부족하다고 감동 어린 말씀을 하십니다.

고봉 스님의 오매일여

대혜 스님과 더불어 간화선사로서 가장 널리 알려진 분이 고봉(高峰, 1238~1295) 스님입니다. 대혜 스님의

『서장』다음으로 가장 널리 읽히는 간화선 교과서가 고봉 스님의『선요禪要』입니다. 고봉 스님은『선요』에서 당신이 오매일여를 투과해서 깨치는 과정을 이렇게 말씀하셨습니다. 당대의 선지식인 설암 스님을 찾아가니 이렇게 묻습니다.

"낮 동안 분주할 때에도 한결같느냐?"
"한결같습니다."
"꿈속에서도 한결같느냐?"
"한결같습니다."
"잠이 꽉 들었을 때는 주인공이 어느 곳에 있느냐?"
여기에서는 말로써 답할 수 없으며 이치로도 펼 수가 없었다. 5년 뒤에 곧바로 의심덩어리를 두드려 부수니 이로부터 나라가 편안하고 조용해서 한 생각도 함이 없어 천하가 태평하였다."

고봉 스님은 설암 스님을 찾아가기 전에 이미 몽중일여가 되었습니다. 그래도 공부를 더 밀고 나가기 위해 선지식을 찾아간 것입니다. 여기에 이르러 설봉 스님이 잠들었을 때 공부가 어떠한지를 묻자, 고봉 스님이 꽉 막혔습니다. 그리고 5년이 지나 화두를 타파하니 천하가 편안해졌다는 말입니다.
간화선의 대종장 대혜 스님과 고봉 스님이 공히 자

나 깨나 한결같이 오매일여를 투과하여 확철대오하였다는 말씀을 하셨습니다. 고려시대에 간화선이 전해져 우리나라에서도 화두를 타파하고 인가까지 받은 도인이 나왔지요. 대표적인 분이 태고보우 스님과 나옹혜근 스님입니다.

태고와 나옹 스님의 오매일여

태고(太古, 1301~1382) 스님은 지금 조계종에 중흥조로 모셔진 분인데, 『태고록』에서 화두 참구와 깨침에 대하여 이렇게 말합니다.

> "만일, (화두가) 하루에 한 번도 틈이 없는 줄 알았거든 더욱 정신을 바짝 차려 때때로 점검하되 날마다 틈이 없게 해야 합니다. 만일 사흘 동안 법대로 끊어지는 틈이 없어, 움직이거나 가만히 있을 때에도 한결같고(動靜一如), 말하거나 침묵할 때에도 한결같아 화두가 항상 앞에 나타나 있되, 급히 흐르는 여울 속의 달빛 같아서 부딪쳐도 흩어지지 않고 헤쳐도 없어지지 않으며 휘저어도 사라지지 않아 자나 깨나 한결같으면(寤寐一如) 크게 깨칠 때가 가까워진 것입니다."

태고 스님과 같은 시대를 살다 가신 나옹(懶翁, 1320

~1376) 스님도『나옹록』에서 "공부가 이미 동정動靜에 간격이 없으며 오매寤寐에 항상 일여하여 경계에도 흩어지지 않고 넓고 아득하여도 없어지지 않는다"고 말씀하시어 화두가 자나 깨나 한결같으면 깨달음이 가깝다는 것을 말하고 있습니다.

이와 같이 간화선사들은 중국과 한국 공히 화두가 자나 깨나 한결같이 되어야 깨달음에 이른다고 말씀하셨으니, 간화선에서는 이 오매일여가 깨달음에 이르는 관문이라는 것을 알 수가 있습니다.

성철 스님과 오매일여로 문답하다

그런데 화두 참선에서 깨달음이 반드시 동정일여·몽중일여·오매일여 3단계를 거쳐야 하는 것은 아닙니다. 제가 젊었을 때 이 문제에 대하여 의문이 있어 오매일여를 강조하신 성철 스님께 직접 물어봤어요.

"스님,『육조단경』을 보면 육조 스님이 동정일여나 오매일여 말씀이 없습니다. 그런데 어째서 스님께서는 그렇게 말씀하십니까?"

성철스님은 이렇게 말씀하셨어요.

"아, 그렇지. 그런데 육조 스님은 워낙 발심이 된 분이라 동정일여, 몽중일여를 거쳐 오매일여에서 깨친 것이 아니고 그걸 한꺼번에 찰나 간에 투과한 것이라 그렇게 봐야 해."

이런 말씀을 듣고 뒤에 선어록을 살펴보니 대혜 스님이나 고봉 스님, 그리고 태고 스님이나 나옹 스님 같은 분들은 다 오매일여를 강조하셨다는 것을 알게 되었죠. 화두 참선에 발심이 확고한 분들은 이것을 한번에 투과할 수도 있다는 것도 아셔야 합니다.

아무튼 화두가 앉으나 서나 끊어지지 않은 경지를 지나, 자나 깨나 끊어지지 않는 경지가 되면 깨달음의 문턱에 다다른 것입니다. 공부가 이런 경지에 이르면 깨어 있을 때 의식도 정화되고, 잠자다 꿈을 꿀 때 나타나는 잠재의식도 분별망상이 사라지고, 깊은 잠 속의 무의식까지도 분별망상이 완전히 비워지는 것입니다.

혼침·도거·상기
대처법

24

참선할 때 화두가 일념이 되어 순일하면 아무런 문제가 없습니다. 순풍에 돛단 듯이 광활한 바다를 편안하게 건너갈 수가 있지요. 화두가 또렷또렷하게 지속되면 번뇌망상이 저절로 사라져 마음이 밝아지고 편안하게 되어 일상생활을 활기차게 해나갈 수 있습니다.

문제는 화두 일념이 어렵다는 것이죠. 화두가 쉬웠으면 우리 주변에 도인이 숱하게 나왔겠지요. 그만큼 도인 보기가 어려운 것은 이 공부가 쉽지 않기 때문이지요. 화두가 어렵다는 것은 공부 길을 잘 몰라서 그렇습니다. 화두 공부는 정견과 직결됩니다. 지금부터 화두 공부에 장애가 되는 몇 가지 문제를 살펴보고 이를 해결하는 방법을 말씀드리겠습니다.

혼침과 도거의 대처

먼저, 화두 참선하는 사람이 가장 많이 경험하는 것이 혼침昏沈과 도거掉擧입니다. 혼침이란 마음이 흐리멍덩하거나 몽롱한 상태를 말합니다. 좌선하는데 화두가 되지 않고 의식이 몽롱해지면 잠이 옵니다. 화두 공부가 안 되고 마냥 졸리고 잡니다. 그럼 시간이 잘 가지요. 참선을 처음 시작하는 초심자들이 이 혼침에 빠지면 앉기만 하면 졸거나 잡니다. 안거 기간에 선방에서 혼침에 익숙해지면 한 철 자다가 시간을 다 보낼 수도 있습니다. 아무런 공부가 되지 않은 채 시간만 허비하는 겁니다. 이렇게 10년을 선방에서 보낸들 무슨 이익이 있겠습니까? 그래서 옛날 선지식이 계실 때는 졸면 죽비로 경책했습니다. 그런데 지금은 죽비로 경책하는 선방도 많지 않아요. 어쨌든 혼침은 무서운 것입니다.

혼침은 몸이 피곤하거나 약할 때 쉽게 오지요. 몸이 많이 피로한 상태에서 좌선하는 경우 화두를 놓고 잠깐 자는 것도 한 방법입니다. 5분 이상 졸면 안 되지만, 잠깐 피로를 풀고 의식을 맑게 해서 화두를 또렷또렷하게 챙겨 가는 것도 한 방법이긴 하지요. 이것도 습관이 되면 안 됩니다. 혼침과 졸음을 예방하려면 평소 잠을 적당히 자야 합니다. 물론 용맹정진 기간이나 화두 일념이 되어 밀어붙일 때는 잠도 자지 말아야 하지만, 평상시에는 적정한 수면 시간을 유지해야 합니다. 또 과식해서 배가 부르거나 탁한 음식을 먹어 소화가 더디게 되면 혈액 순환이 안 되어 뇌에 산소 공급이 줄어 혼침이 옵니다. 그래서 식사량을 적절하게 조절할 줄 알아야 합니다. 초심자들은 반드시 처음 참선할 때 졸지 않고 화두를 또렷또렷하게 챙겨나가기 위해 수면이나 식사량 등 일상생활에서 습관을 잘 들여야 합니다.

도거는 번뇌망상이 죽 끓듯이 올라오는 것을 말합니다. 좌선하거나 움직일 때 화두를 잡으려 해도 번뇌망상이 계속 일어나 도저히 화두가 잡히지 않을 수 있습니다. 이런 마음의 현상을 도거라 합니다. 신심과 발심이 미약한 초심자들이 화두할 때 번뇌망상이 치성해서 공부를 방해합니다. 번뇌망상은 늘 일어납니다. 사람은 보통 하루에 5만 가지 생각을 한답니다. 대부분 쓸데없는 망상이죠. 번뇌망상은 늘 일어났다 사라지고를 끝없이 반복합니다. 그런데 우리가 화두에 집중하지 못하고 번뇌망상에 시달리는 것은 뭔가 우리 마음이 번뇌에 집착하고 있기 때문입니다. 아주 급한 일이 있거나 심각한 문제를 안고 있으면서 화두를 하려고 한다면 잘 안 될 것입니다. 그 문제에 마음이 자꾸 가서 집착하니 화두는 안중에도 없게 되지요.

그래서 참선하려는 분들은 이런 심각한 문제나 급한 일을 먼저 해결하는 것이 좋습니다. 중도정견을 세워 화두에 대한 신심과 발심이 확고하다면 무방합니다. 화두에 대한 가치와 신심이 확고하다면 번뇌망상도 가벼이 보고 화두에 몰입할 수가 있지요. 이처럼 도거가 일어날 때는 정견으로 보십시오. 그 어떤 번뇌망상이 일어나더라도 일체가 다 연기고 실체가 없습니다. 비유하자면, 바닷가에서 파도를 보면 헤아릴 수 없이 많은 파도가 밀려옵니다. 그때 그 파도 하나하나에 집착한들 아무 소용이 없지요. 파도는 실체가 없습니다. 바닷물이 바람과 연기하여 일어났다 사라질 뿐 실체는 없습니다. 수많은 파도는 모두 바닷물일 뿐이지요. 그러니 파도가 밀려왔다 사라질 때 집착하거나 머무름은 허망한 일이듯이 우리 마음에 번뇌망상이 물밀 듯이 오고가고 하더라도 신경쓰지 말고 오직 화두에 집중해야 합니다.

『육조단경』에 '번뇌즉보리'라는 말이 바로 이것입니다. 앞생각에 번뇌망상이 일어나더라도 뒷생각에서 알아차리면 지혜로 바뀝니다. 번뇌망상조차 연기로 이루어져 있고 그대로 불성이니 사실은 비우고 버릴 것이 없습니다. 이와 같이 보고 오직 화두가 나를 평화롭게 행복하게 하는 것이라는 확고한 가치관과 믿음을 가지고 화두를 성성하게 챙겨나가야 합니다.

이와 같이 도거와 혼침은 화두 공부인이 흔히 겪는 문제입니다. 도거掉擧는 적적寂寂을 방해하고, 혼침昏沈은 성성惺惺을 방해합니다. 도거掉擧는 성성惺惺의 잘못이고, 혼침昏沈은 적적寂寂의 잘못이지요. 정견과 발심으로 오직 화두만 챙겨나가되 번뇌와 혼침 또한 실체가 없는 것이라 신경쓰지 않으면 곧 공부가 자리 잡힐 것입니다. 그러니 번뇌는 신경쓰지 말고 혼침도 신경쓰지 말고 오직 화두만 성성하게 끊어지지 않게 드는 습관을 들여야 합니다. 대혜 스님은 『서장』에서 이렇게 말합니다.

"앉을 때에 혼침昏沈하지 말며, 또한 도거掉擧하지 말아야 합니다. 혼침과 도거는 옛 성인이 꾸짖은 것입니다. 고요히 앉았을 때 이 두 가지 병이 앞에 나타나거든 단지 '개가 불성이 없다'는 화두만 드십시오. 그러면 두 가지 병은 힘써 물리치지 않아도 당장 고요해질 것입니다. 이렇게 날이 오래고 달이 깊어지면 조금 힘 덜림을 아는 것이 문득 힘을 얻는 곳이 될 것입니다."

고봉 스님도『선요』에서 이렇게 말합니다.

"형제들이 십 년, 이십 년이 되도록 풀을 헤치고 바람을 맞았으되 불성을 보지 못하고 가끔 혼침과 도거의 그물에 갇혔다고 말한다. 그러나 오히려 이 혼침과 도거 네 글자의 당체當體가 곧 불성인 것을 알지 못한다. 아! 혼미한 사람은 알지 못하고 자기가 법에 그릇 집착하여 병을 만들어, 병으로 병을 다스려 불성을 구하면 더욱 멀어지며, 점점 급하게 하면 점점 늦어지는 데에 이르렀도다!"

상기 다스리는 법

화두 참선을 할 때 정견이 서지 않은 상태에서 공부를 무리하게 밀고 나가다 상기 증상이 올 수 있습니다.

상기上氣란 머리로 열기가 오르는 현상을 말합니다. 보통 사람은 혈액 순환이 원활하면 자연 이치대로 찬 기운은 위로 올라가고 열은 내려가는 수승화강水昇火降이 됩니다. 그런데 무리하게 화두를 하려고 용을 쓰면 열이 머리로 올라와 얼굴이 화끈거리고 두통이 생깁니다. 그런 증상이 지속되면 화두를 들려 해도 머리가 아프고 열이 납니다. 그래서 더 이상 화두 공부할 수가 없게 됩니다.

예전에는 선원에서 상기병이 걸린 수좌들이 많았습니다. 빨리 공부하려는 마음에 안거 중에 그냥 좌선만 밀어붙이고 포행이나 몸을 풀어주는 것을 소홀히 하면 이런 증상이 올 수 있습니다. 그러나 상기가 무섭다는 것을 알아 이것에 대처하는 방법이 널리 알려지면서 지금은 상기병이 거의 없어지고 있습니다. 상기는 오랜 시간 좌선할 때 나타나는 증상이니 하루 한두 시간 좌선하는 재가자들은 걱정할 것이 없습니다. 다만, 이런 증상이 있다는 것을 알아 두어 경계할 필요는 있지요.

이 상기에 대처하는 방법으로는 정견을 갖추고 화두를 순일하게 드는 것이 좋습니다. 좌선 상태에서 허리는 세우되 몸에 힘을 빼고 자연스럽게 화두를 챙겨 나가야 합니다. 몸도 마음도 편안한 마음으로 화두를 자연스럽게 챙겨 나가는 것이 좋습니다. 아울러 좌선을 한 뒤에는 방선 시간이나 공양 시간에는 포행을 해서 허리와 다리를 충분히 풀어 혈액 순환을 원활하게 해야 합니다. 요즘 선원에서는 수좌들이 시간 나는 대로 걷거나 산행을 합니다. 화두는 앉아서 하는 정중靜中 공부도 좋지만, 걷거나 일하면서 하는 동중動中 공부도 좋습니다. 그리고 108배 같이 절을 하는 것도 상기 예방에 좋습니다. 절은 전신운동이 되어 혈액순환을 돕지요. 하루 108배를 하거나 규칙적으로 절을 하면 신심도 다지고 상기 예방에도 도움이 됩니다.

신비한 경계와
대처법

25

화두 참선할 때 공부가 조금 깊어지면 경우에 따라 신비한 경계境界가 나타날 수 있습니다. 신비한 경계라 함은 우리의 일상 의식에서는 전혀 알지 못하다가 수행하면서 마주치는 경계를 말합니다. 꼭 화두 참선만이 아니라 염불이나 주력, 기도하는 도중에도 이런 현상이 나타나기도 하지요.

부처님이 깨친 중도연기를 이해해서 정견을 세우고 화두 참선을 하는 사람은 이런 경계가 잘 일어나지 않고 또 일어나더라도 쉽게 극복해 나갈 수 있습니다. 화두를 성성하게 또렷또렷 챙겨나가면 경계 없이 공부가 잘됩니다.

나는 출가해서 강원 공부한 이래 평생 참선을 해왔지만 신비한 체험 같은 것은 없었습니다. 젊었을 때에는 그런 체험을 한 도반 이야기를 들으면 나도 호기심이 나서 신비한 체험을 해봤으면 하는 망상도 있었지만, 강원 공부할 때『능엄경』과『서장』같은 경전과 선어록을 통해서 그런 현상과 대처법을 알고 있었기에 별 문제가 없었습니다.

그런데 우리 선배 스님들이나 도반들은 신비한 경계를 체험한 이들이 더러 있었어요. 예를 들어 이미 입적하신 스님입니다만, 종단에 상당히 이름이 알려진 분께서 젊은 시절 발심하여 어느 암자에서 관음 기도를 하다가 꿈에 관음보살이 나타나 "네 머리에 망상이 들어 있어 공부에 진전이 없으니 그 머리를 어떻게 해라"는 말씀을 하고 가셨답니다. 스님은 기도 중에 나타난 관음보살의 말을 실제 그대로 믿고는 망상을 없앤다고 당신의 머리를 어떻게 해서 많은 피를 흘리다가 병원에 실려 간 적이 있답니다.

또 어떤 스님은 어느 유명한 기도처에서 기도하다가 역시 꿈에 관음보살이 현몽하여 "네 생식기가 수행에 장애가 되니 그걸 없애야 도를 성취할 수 있다"는 말을 듣고는 실제 관음보살의 말씀대로 당신의 생식기를 스스로 잘라 방에 피가 낭자하여 응급실로 실려 간 일도 있습니다.

또 어떤 큰스님은 젊은 시절 한 암자에서 '옴마니반메훔' 백일기도를 하다가 70일쯤이 되자 몇 십리 밖에 있는 아이 울음소리가 들리고, 누가 언제 무슨 일로 온다는 것을 알아맞추는 신통력이 생겨나더랍니다. 너무나 신기한 능력이 생겨나자 스스로 견성했다는 생각이 들어 백일기도를 중단하고 선지식을 찾아가 인가만 받으면 된다고 여기저기 도인이라는 분들을 찾아가니 아무도 인정해주지 않더랍니다. 그래서 스스로 생각하니 신통력은 여전한데 나를 인정하지 않으니 '필시 저 선지식들이 가짜다'는 생각이 들어 더 큰소리 치고 돌아 다녔답니다. 그러다 6개월쯤 되자 신통력이 희미해지며 본래 상태로 돌아가더랍니다.

그 뒤 신통력이란 것도 경계고 착각이었다는 것을 참회하고 다시 선원으로 가서 참선을 시작했는데 그 뒤로는 공부에 진전이 없었다고 늘 후학들에게 경계를 조심하라 하십니다. 이것은 실화이고 이름만 대면 알 만한 큰스님들의 체험담입니다.

그러니 만큼 이 신비한 경계를 공부로 잘못 알아 집착하면 외도가 되거나 공부에 큰 장애가 됩니다. 그래서 이런 경계를 마경魔境, 즉 마구니 경계라 하는 것입니다. 화두 참선하든 염불, 주력 기도를 하든 불교 수행을 하는 사람은 반드시 이런 경계에 대처하는 법을 잘 알아 두어야 하며, 늘 바른 선지식을 가까이 하여 공부를 점검 받아야 합니다.

신비한 경계는 왜 일어나는가?

그렇다면 어째서 이런 신비한 마구니 경계가 나타나는 걸까요? 참선하는 이는 화두가 또렷또렷하면 경계가 나타나지 않습니다. 공부가 잘되고 있는 것이죠. 반대로 화두가 안 되면서 번뇌망상이 치성하는 사람에게도 경계는 보이지 않습니다. 우리 의식이 어딘가에 머물거나 집착하고 있으면 깊은 잠재의식과 무의식을 인지하기는 어렵지요. 그래서 신비한 경계는 화두 참선에 좀 애쓰고 있으나 성성하지 못하고 그러면서도 번뇌망념이 빈틈 사이에서 나타납니다.

좀 더 이해를 돕기 위해 현대 심리학의 용어로 설명하면 이렇습니다. 심리학에서는 우리 의식을 표층의식과 잠재의식, 그리고 무의식 세 가지로 구분하지요. 표층의식은 우리 일상생활의 의식을 말합니다. 이 표층의식 내면에 잠재의식이 있다고 봅니다. 겉으로 드러난 의식이 표층의식이라면, 잠재의식은 드러나지 않지만 내면에 있는 의식이라는 것이죠. 표층의식과 잠재의식 보다 더 깊은 곳에 있는 것이 무의식이랍니다. 일반적으로 사람들은 평소에 표층의식만 인지하고 살아가는데 잠자다 꿈에 보이는 것이 잠재의식이고, 잠잘 때에 꿈틀대는 의식을 무의식이라 할 수 있습니다.

화두 참선은 화두 하나를 간절히 의심해 들어가 일상생활의 표층의식과 꿈속에서 나타나는 잠재의식, 그리고 잠잘 때에 움직이는 무의식까지 완전히 정화하는 공부입니다. 이것을 동정일여, 몽중일여, 숙면일여 또는 오매일여라고 하지요.

그러므로 화두가 성성적적 삼매로 바로 들어가서 순일한 경우에는 어떤 경계도 보이지 않고 공부가 잘되어 갑니다. 하지만 화두가 성성하지 않은 상태에서 번뇌 망념이 오락가락 하는 도중에 언뜻언뜻 잠재의식과 무의식이 나타나는 경우를 신비한 경계라 할 수 있습니다.

이것을 '신비한 경계'라 하는 이유는 일상에서는 한 번도 보지 못한 현상이 나타나기 때문입니다. 보통 이런 체험을 하게 되면 신기하고 놀랍니다. 그래서 좀 신비스럽기도 하지요. 사람에 따라 매우 다양한 모습으로 나타납니다. 내게 상담하러 오는 분들의 이야기를 들어보면 참선하는데 고양이가 나타나기도 하고 몸에 진동이 오거나 황금색 불덩어리가 보이기도 한답니다. 또 영화 필름처럼 뭔가가 자꾸 반복적으로 보이고, 관세음보살이나 부처님이 보이는 것은 더 말할 것도 없지요. 참선하는 도중에 화두가 순일하지 않고 별 희한한 현상들이 나타나는 것이니, 신비한 경계라는 것도 실은 모두 다 망상입니다. 화두 참선할 때는 화두 이외에는 모두 번뇌망상입니다. 신비한 경계든 익숙한 경계든 일체가 화두를 놓쳤을 때 나타나는 것이니까요.

경계 대처하는 법

그러므로 참선인은 반드시 화두 이외에 일어나는 모든 경계는 망상으로 보아 일체 신경 쓰지 말아야 합니다. 중도연기를 이해해서 정견을 세운 사람이라면 자기 자신과 일체 만물이 모두 실체가 없는 연기이고 무아, 공이라는 것을 알 것입니다. 그러니 실재하는 것이 없습니다. 부처든 보살이든 그 무엇이든지 있다고 집착하면 양변에 떨어집니다. 양변을 버려야 지혜가 나오고 깨칩니다.

이와 같이 중도정견은 화두 참선에서도 기준이 되어야 합니다. 참선할 때는 오직 화두만 챙겨야 하며, 화두를 놓쳤을 때 나타나는 그 어떤 신비하고 이상한 경계도 망상이니 무아, 공으로 보아 신경 쓰지 말아야 합니다. 그 경계에 머물고 집착하면 실재인양 착각과 작난作難이 일어납니다. 특히, 부처님이나 보살님이 나타나는 경계는 현혹되기가 쉽지요.

그래서 선문禪門에서는 살불살조殺佛殺祖라는 말을 씁니다. 참선할 때는 화두 이외에 부처든 조사든 모두 마구니 망상일 뿐이니 부처든 조사든 부모 생각이 나더라도 일체에 머물지 말고 오직 화두를 간절히 간절히 챙겨나가야 합니다.

대혜 스님은 『서장』에서 '경계'에 대하여 이렇게 엄히 경책하고 있습니다.

"그러므로 많은 사람들이 눈앞 경계에 떨어져 주재主宰하지 못하고, 날이 가고 달이 깊어지면 미혹하여 돌이키지 못하고 도력道力이 업력業力을 이기지 못합니다. 마군魔軍이 그 틈을 타고 들어오면 반드시 그 마군

에게 잡히어 죽을 때에도 또한 힘을 쓰지 못합니다. 반
드시 기억하십시오."

고요함만 있는
적적은 외도

26

부처님이 깨친 중도를 바로 이해해서 정견을 세우고 이것을 체험하고 실천하는 참선을 해나가면 공부가 쉽고 재밌습니다. 저는 이것을 무한향상無限向上의 길이라 합니다. 선禪은 착각과 분별망상에서 벗어나 지혜와 자비 광명을 실천하는 끝없는 길입니다. 간화선 공부하는 이들 중에 가끔 "모 아니면 도"라는 말을 하지요? "화두 타파해서 바로 견성하거나 안 되면 아무것도 아니다"는 말인데요. 이렇게 양변에서 공부해서는 수행도 잘 안 되고 그 과정도 즐겁지 못합니다.

부처님이 깨친 길인 중도를 먼저 이해해서 자기가 본래부처라는 것에 믿음이 나면 과정도 재밌고 못 깨치더라도 그만큼 행복집니다. 왜 그런가? 중도정견을 이해하면 내가 본래부처고 현실 이대로 극락이라는 것을 알게 되니, 지금 이 자리에서 어떤 집착과 갈등에서 자유로워질 수 있기 때문입니다. 여기서 경계해야 하는 것이 중도를 잘 이해했다고 깨친 것은 아니죠. 자동차 운전도 이론을 잘 이해했다고 바로 운전할 수 없듯이 본래부처라는 것을 이치로 알았다 해도 직접 실천하고 체험해야 깨칩니다.

그래서 자꾸 지겹도록 중도정견을 세우고 참선하자 하는 겁니다. 그럼 참선하는 과정도 즐겁고 공부도 잘 됩니다. 부처님이 깨쳐 일체 분별망상을 벗어나 영원한 자유와 행복을 성취하신 길이 중도이니, 이 길을 바로 알면 수행 중의 크고 작은 경계도 잘 해결해 나갈 수 있습니다. 또 설사 화두 타파를 못해도 공부한 만큼 자기를 비울 줄 알고 마음이 밝아져 지혜와 자비를 실천할 수가 있어요.

그런데 중도정견이 부실하면 공부 과정에서 만나는 여러 경계에 휘둘려 엉뚱한 방향으로 가기 쉽습니다. 그중에 하나가 적적삼매를 공부로 착각하여 빠지는 겁니다.

고요한 적적寂寂을 경계하라

적적은 적적삼매寂寂三昧를 말합니다. 적적삼매는 마음이 그냥 고요하고 편안한 삼매를 말합니다. 이것도 삼매의 하나인데요. 마음에 번뇌망상이 일어나지 않으면 마냥 편안하고 고요한 삼매가 지속됩니다. 그러면 아늑해지고 편안한 마음이 지속되어 도를 성취한 것 같은 착각에 빠지게 됩니다.

불교에서는 이것을 전통적으로 외도外道라 경계해 왔습니다. 불교를 처음 공부할 때도 무아·공이 중도인데, 잘못 알아 무아를 '내가 없다'는 허무주의로 알거나, 유有·무無 양변에 집착하여 무기공無記空에 빠지는 경우가 많습니다. 마찬가지로 수행에서도 마음에 번뇌가 사라져 고요하고 편안하면 공부가 잘되는 것으로 착각하여 이것을 공부로 아는 경우가 있습니다. 이것은 외도예요.

　불교의 삼매는 중도삼매로 성성적적 또는 적적성성입니다. 마음이 고요하면서도 또렷또렷하게 깨어있어야 해요. 화두도 없고 번뇌도 사라져 고요하고 편안하기만 하면 적적寂寂에 머무는 것입니다. 반대로 화두와 번뇌가 왔다갔다하면 성성惺惺만 있는 겁니다. 성성적적 또는 적적성성을 다 갖춰야 마음이 편안하면서도 또렷또렷하게 깨어있는 중도삼매가 되어 깨칩니다.

　불자들이 고요한 적적을 수행으로 착각하는 경우도 있지만, 요가나 단전호흡, 기공 같은 경우에도 일체를 비워 고요한 자리를 어떤 신비한 경지로 말하여 그것을 터득하는 수련을 도道라 하는 말도 들립니다. 그런데 이것은 중도가 아니니 잘 알아 두어야 합니다.

　특히 재가생활인들이 이 적적 경계에 빠지면 복잡하고 어려운 일이나 관계를 외면하고 자기 안에 자꾸 안주하는 경향이 나타나게 됩니다. 자기 마음은 편안한데, 가정이나 회사는 크고 작은 문제와 갈등이 늘 벌어지지요. 그러면 그 문제를 적극적으로 대처하고 풀어나가야 하는데 자기 마음이 편하고 세상을 허무하게 보니 소극적이 되고 방치하게 되어 문제와 관계를 악화시키는 경우가 많아요. 그래서 자꾸 소극적이고 관계에서 고립되어 도 닦는다고 조용한 곳이나 산속 토굴, 암자로 갑니다. 그러다 보면 결국 가정과 직장과 단절되고 함께 하는 것을 못하고 폐인이 되어 가요.

그래서 참선할 때는 안으로나 밖으로 고요한 것에만 머물거나 집착하면 안 됩니다. 안으로는 화두를 성성하게 하고 밖으로는 고요하든 시끄럽든 상관없이 공부할 수 있어야 합니다. 성철 스님은 조용한 곳만을 찾아서 공부하는 선객을 '고적병孤寂病'이라 경책했어요. 거기에 떨어지면 공부 성취는 고사하고 사람까지 버리게 된다고 야단쳤습니다. 참선하는 분들 중에 유독 시끄러운 것을 못 참는 분들이라면 자기 공부를 점검해보기 바랍니다.

고요한 적적에서 벗어나는 길

그러면 이 적적 경계, 외도에서 어떻게 벗어나야 할까요? 그 길은 지금까지 일관되게 말해 왔듯이 중도정견을 갖추고 화두를 성성하게 드는 것이에요. 화두가 성성하면 적적이 저절로 이뤄져 성성적적의 중도삼매가 되는데, 이 중도삼매는 체험하는 만큼 마음이 편안해지면서 지혜가 나옵니다. 이 성성적적 삼매는 체험할수록 마음이 밝아져 일상생활에 도움이 되어요. 좀 급한 성격의 사람도 화두를 성성하게 체험하면 여유를 가지게 되고, 좀 느린 행동의 사람은 화두가 성성하게 챙겨지면 행동이 빨라집니다. 짜증과 화가 잘나고 마음이 늘 어두워 부정적인 성격의 사람도 화두가 성성하게 체험되면 화가 줄고 마음이 편안해지고 밝아집니다.

요사이 미국 의사나 과학자들이 이 불교 삼매 원리를 의학이나 심리학과 연결시켜 심리 치유나 스트레스 관리 명상을 한다고 합니다. 중도 삼매의 가치가 과학적으로 입증되니 그렇게 하는 겁니다. 이 성성적적 삼매는 그런 효능을 본래 갖추고 있습니다.

그런데 여기서 중요한 것이 이 삼매는 억지로 만들어서 생기는 것이 아니라, 우리 마음이 본래 성성적적 삼매로 이뤄져 지혜광명으로 항상 빛나고 있기 때문에 그렇다는 것입니다. 우리 마음이 본래 그렇게 존재하는데 착각에 빠져 분별망상에 막혀 있다가 화두로 번뇌망상을 비워가면 그 빛이 나오기 시작하는 겁니다. 하늘에 해는 항상 빛나고 있는데 먹구름에 가려 있다가 구름이 걷히면 해가 저절로 빛나는 것과 같은 이치입니다. 그래서 이 화두 참선은 마음의 고향 찾아가는 공부라 합니다. 대혜 선사는 『서장』에서 고요함의 적적 공부를 경책하면서 본래부처 입장을 이렇게 말합니다.

"그릇된 무리는 '마음을 거두어 고요히 앉아서 일상사日常事를 관여하지 말고 쉬고 쉬어라'고 합니다. 이것이 어찌 마음으로 마음을 쉬며, 마음을 가지고 마음을 비우며, 마음을 가지고 마음을 쓰는 것이 아니겠습니까? 만약 이와 같이 수행할 것 같으면 어찌 외도이승外道二乘의 고요한 단견 경계에 떨어지지 않으며, 어찌 자기 마음의 밝고 오묘한 수용과 구경의 안락과 여실히 청정한 해탈 변화의 묘함을 드러내겠습니까? 모름지기 본인이 스스로 보아 깨치면, 저절로 옛사람의 말에 휘둘리지 않고 능히 고인의 말을 굴릴 수 있을 것입니다. 만약 청정한 구슬을 진흙 속에 두어 백천 년이 가더라도 능히 오염시킬 수가 없으니, 본체가 스스로 청정하기 때문입니다. 이 마음도 또한 그러해서 정히 혼미할 때에는 티끌세상의 번거로움에 미혹되지만, 이 마음의 당체는 본래 미혹된 적이 없으니 이른바 연꽃이 물에 젖지 않는 것과 같습니다. 만약 이 마음이 본래성불本來成佛이며 구경자재究竟自在하여 여실히 안락하다는 것을 문득 깨달으면, 갖가지 묘용이 또한 밖에서 오지 않을 것입니다. 이는 본래 스스로 구족해 있기 때문입니다."

일상생활에서
화두하는 법

27

일상에서 어떻게 마음을 써야 하는가?

참선하는 사람도 반드시 일상생활을 하지요. 인간은 누구나 의식주 생활을 합니다. 선원에서 안거 하는 스님들도 대중생활을 하고 재가자들도 가정과 직장 그리고 선방에서 일상생활에서 하지 않을 수 없습니다. 인간을 사회적인 동물이라 하는 까닭도 여기에 있지요.

이렇게 일상생활할 때 어떻게 마음을 쓰며, 어떻게 화두 참구를 해야 하는가? 이 문제는 지금도 중요하지만, 옛사람들도 고민이었던 모양입니다. 대혜 스님의 『서장』에 보면 주세영이라는 거사가 진정(眞淨, 1025~1102) 화상과 문답한 기록이 나옵니다.

"불법이 지극히 오묘하니, 일상에 어떻게 마음을 쓰며 어떻게 참구해야 합니까?"
"불법은 지극히 오묘하여 둘이 없다. 다만 오묘한 데에 이르지 않으면 서로 장단長短이 있겠지만, 진실로 오묘한 데에 이르면 마음을 깨달은 사람이다. 스스로의 마음이 여실히 구경으로 본래부처이며, 여실이 자재하며, 여실히 안락하며, 여실히 해탈하며, 여실히 청정함을 알아서 일상에 오직 자기 마음을 쓰며, 자기 마음의 변화를 잡아 쓸지언정 옳고 그름을 묻지 말라. 마음을 분별하여 생각하면 마땅히 옳지 않다. 마음이 분별하지 않으면 낱낱이 천진하며, 낱낱이 밝고 오묘하다. 낱낱이 연꽃에 물이 묻지 않는 것과 같아서 마음이 청정하여 시비를 초월한다. 자기 마음이 미혹한 까닭에 중생이 되고, 자기 마음을 깨달은 까닭에 부처가 되니, 중생이 곧 부처이고 부처가 곧 중생이다. 미혹과 깨달음 때문에 이것과 저것이 있다."

참선인이 생활하는 마음은 항상 나-너, 옳고-그름이라는 분별심을 비워야 합니다. 분별하는 마음으로 양변에 집착하면 마음이 시끄럽고 복잡해져 화두 집중이 어렵지요. 생계를 꾸려가는 재가자의 입장에서는 이해득실을 따지고 치열히 경쟁해야 하는데 분별심을 비워라 그러면 이해가 어렵지요. 이렇게 보면 불교는 세속과 어울리지 않는 것으로 오해하기 쉽습니다.

그런데, 그게 아닙니다. 나와 너, 선과 악, 옳고 그름의 분별을 떠나 정견으로 보면 항시 지혜가 나와 남을 돕고 잘되게 하는 마음으로 일을 잘 풀어 갈 수 있습니다. 특히 자기 마음이 중도로 되어 있다는 것을 알고 이를 믿고 실천하는 사람은 스스로 당당하게 자존감을 가지고 살아갑니다. 이런 중도정견을 가지면 자기가 본래부처이고, 자기 마음이 본래 청정하며, 자기가 본래 무한한 지혜와 능력을 다 가지고 있다는 믿음으로 일상생활을 활기차게 살아 갈 수 있지요.

물론 직장과 가정 그리고 사회생활을 하다 보면, 중도정견이 선 사람도 가끔은 흔들릴 수가 있습니다. 특히 큰 경계를 만났을 때가 그렇습니다. 가령 말도 안 되는 황당한 일을 겪거나, 절이나 스님 또는 도반에게 큰 실망을 할 수도 있지요. 또 실직이나 좌천 그리고 부당하고 억울한 일을 당하게 되면 대체로 불교나 자기 자신에 대한 믿음조차 흔들리기 십상입니다.

하지만 이럴 때조차 양변을 떠나 정견으로 보아야 합니다. 대체로 이런 경우는 양변에서 자기가 옳다는 견해에 집착하니 더더욱 참지 못하고 분노가 끓어오릅니다. 분별심이든 분노든 자기가 있다는 양변의 집착에서 오는 것입니다. 아무리 자기의 분노가 정당하다 하더라도 불교는 옳은 것, 정법, 불법에 대한 집착조차 삿된 견해라 하는 것이 불교의 정견입니다.

『금강경』에 보면 "부처가 부처가 아니라 그 이름이 부처다. 중생이 중생이 아니라 이름이 중생이다"는 말을 계속 하지요. 분별망상이나 삿된 것은 물론이거니와 부처와 불교에도 집착하지 않는 것이 불교입니다. 살불살조殺佛殺祖라는 말이 바로 그런 말입니다. 참선하는데 부처를 만나거든 부처도 비우고, 조사를 만나거든 조사도 비워 집착하지 말아야 한다는 뜻이죠. 성철 스님은 "옳아도 남에게 질 줄 아는 사람이 천하에 가장 용맹한 사람이다"고 말하셨어요. 다 같은 뜻입니다.

참선하는 사람은 오직 불법을 믿고 자기 마음이 그 대로 본래부처고, 본래 청정하고, 본래 지혜와 자비를 다 갖추고 있다는 것을 바로 알고 믿어야 합니다. 그렇게 믿음이 탄탄할수록 헛된 분별망상과 집착에서 벗어나기가 쉽고 지혜로운 일상생활이 되면서 화두 공부도 빠르게 됩니다.

생력처가 곧 득력처

참선 수행자의 가장 고민이 화두 일념이 잘 안 된다는 것입니다. 앞서 누차 말씀드린 바와 같이 화두가 잘 안 되는 것은 중도정견과 신심, 발심의 문제입니다. 화두 자체가 문제가 있거나 간화선 공부가 어렵거나 잘못된 것이 아니에요. 길을 모르고 여행을 가면 목적지까지 바로 가기가 어렵듯이 화두 공부도 길을 모르고 가면 어렵습니다. 그래서 화두 공부 길을 잘 아는 안목을 갖춰야 해요.

참선할 때 처음에는 화두가 잘 안 되더라도 지속적으로 노력해가다 보면 어느 날 문득 공부 힘을 얻을 때가 있으니 바로 힘이 덜림을 아는 때가 공부 힘을 얻는 곳이란 말입니다. 이것을 대혜 스님은 『서장』에서 "생력처省力處가 곧 득력처得力處"라 했습니다. 즉, 화두 참선을 규칙적으로 생활화해 나가다 보면, 어느 날 문득 화두가 또렷또렷해지면서도 힘이 가벼워질 때가 있습니다. 이때가 바로 힘을 더는 생력처이고 이 자리가 바로 공부 힘을 얻는 득력처라는 것입니다.

가령 참선할 때 무수한 번뇌망상이 생멸하는 가운데 그 번뇌가 실체가 없고 연기 현상이라 보면 다 허망할 뿐입니다. 이때 가벼운 마음으로 오롯이 화두를 챙겨 나가면 화두에 몰입할 수가 있습니다. 이처럼 번뇌를 가벼이 보면 볼수록 화두 삼매를 체험하기가 쉽지요. 화두에 물러서지 않고 밀고 나갈 때 어느 날 문득 공부 힘이 덜어지면서 화두가 성성하게 챙겨지게 되는데 바로 이 자리가 공부 힘을 얻는 곳입니다. 이 '생력처가 득력처'라는 말은 오직 체험이 되어야 알 수 있어요. 다만, 지금은 애쓰고 애쓰는 가운데 그런 자리를 체험하게 되면 화두 공부가 힘이 붙게 된다는 것을 알아 두시길 바랍니다.

우스갯소리를 하나 하자면, 인디언이 기우제를 지내면 반드시 비가 온다지요. 비가 올 때까지 절대로 포기하지 않고 기우제를 지내기 때문이랍니다. 이와 같이 화두 참선할 때 매일매일 단 5분이라도 시작한 뒤 참선을 포기하지 말고 지속적으로 생활화하다보면 어느 날 문득 화두가 성성해지면서 마음이 환하게 밝아지는 것을 체험하게 될 것입니다. 그러나 포기하고 물러서는 사람에게는 달리 도리가 없습니다.

익숙한 것을 설게, 설은 것은 익숙하게

초심자들이 참선할 때 익숙한 것은 분별망상이죠. 우리는 늘 망상, 잡념 속에 살아갑니다. 분별망상은 익숙하나 화두는 설지요. 그래서 화두 공부하는 사람은 익숙한 망상은 설게 하고 화두는 익숙하게 해야 합니다. 이 공부 방향은 알겠는데 실제 실천이 쉽지 않지요. 중도정견도 모르고 분별망상에 휩싸인 사람은 그 망상이 실체가 없는 착각일 뿐이라는 것을 모르니까요. 그래서 망상에 갇혀 살아가면 자기 본성을 모르고 착각 속에 살다 갈 수밖에 없습니다. 이렇게 살아서는 공부가 성취되길 기약하기가 어렵습니다.

그래서 중도를 공부해서 정견을 세우고 우리가 본래부처라는 것은 믿고 우리 마음이 본래 청정하며 지혜와 자비가 항시 빛나고 있을 뿐 분별망상은 착각이라는 것을 알아야 합니다. 이런 안목을 갖춘 사람은 지금까지 익숙했던 망상은 설게 하고 낯설던 화두는 익숙하게 만들기가 쉽습니다. 분별망상은 나를 괴롭게 하고 갈등하고 화나게 합니다. 욕망과 어리석음으로 나를 흔들어 놓으니까요. 그래서 항시 내가 본래부처이기에 연기로 존재하니 무아, 공이라는 정견으로 분별망상을 일으키는 자신에 대한 집착을 부단히 비워가야 합니다. 자기를 비우는 것이 바로 양변에 집착하는 마음을 비우는 것입니다. 그러면 본래 갖춰진 무한한 지혜와 능력이 나오게 됩니다.

운개일출雲開日出, 먹구름이 걷히면 해가 나옵니다. 이처럼 익숙했던 분별망상을 비우면 본래 갖춰진 청정한 지혜광명이 나오게 됩니다. 이것은 오직 체험해봐야 압니다. 말과 문자로는 도저히 알 수 없는 경지이니 정견을 세우고 부지런히 화두를 챙겨나가야 합니다.

참선과 근기에
대하여

28

참선은 상근기만 하는가?

참선에 입문할 때 가장 많이 듣는 말 중에 하나가 '참선은 상근기가 하는 것'이란 말이죠. 상근기上根機란 신심이 깊은 사람을 말하는데, 반대는 하근기下根機라 하지요. 그렇다면 근기가 높은 사람과 낮은 사람이 있다는 말입니다. 이것도 양변이죠.

과연 상근기와 하근기가 따로 있을까요? 근기根機란 무엇일까요? 육조혜능 스님 당시에도 이에 대한 논란이 있었던지 『육조단경』「근기」편에서 이렇게 말하서요.

"근기가 약한 사람은 단박 깨치는 가르침을 들으면, 마치 뿌리가 약한 초목이 큰비를 맞아 모두 스스로 넘어져 자라지 못하는 것과 같으니, 근기가 약한 사람도 이와 같다. 반야 지혜가 있는 점은 근기가 큰 사람과 차별이 없는데, 무슨 까닭에 법을 듣고도 바로 깨치지 못하는가? 삿된 견해의 장애가 두텁고 번뇌의 뿌리가 깊기 때문이다. 마치 큰 구름이 해를 가려, 바람이 불지 않으면 해가 나타나지 않는 것과 같다. … 그러나 하근기라도 단박 깨치는 가르침을 듣고 밖으로 닦는 것을 믿지 않고, 오직 자기 마음에서 스스로 본성으로 하여금 항상 정견을 일으키면 번뇌 진로의 중생이 모두 다 깨치게 된다. 큰 바다가 여러 가지 흐르는 물을 받아들여 작은 물과 큰물이 하나 되어 한 몸으로 만드는 것과 같다."

　혜능 스님은 모든 사람에게 지혜가 있는 것은 똑같아 차별이 없는데 삿된 견해와 번뇌의 뿌리가 깊은 까닭에 하근기가 된다고 하셨어요. 부처님께서는 일체중생이 모두 불성佛性이 있다 하셨고, 선禪에서는 중생이 모두 본래부처라 하지요. 성철 스님은 인간이 본래부터 무한한 지혜와 능력을 가지고 있다고 『백일법문』에서 늘 강조합니다. 그런데 어째서 사람들이 스스로 근기가 낮다 하고, 본래부처인데 중생이라 착각하고 살아가느냐? 이게 문제지요. 혜능 스님은 근기가 낮은 사람은 정正과 사邪를 구분하지 못하고 사상(四相, 아상·인상·중생상·수자상)에 집착하는 뿌리가 깊어서 그렇다고 말합니다. 왜 삿됨과 바름, 아상과 중생상을 벗어나지 못할까요? 바로 내가 중도연기, 무아·공이라는 것을 알지 못하고 내가 있다고 착각하여 집착하며 살아가기 때문입니다. 내가 있다고 생각하니 생로병사가 있고, 근심 걱정이 끝이 없습니다. 이렇게 '있다'에 집착하여 착각 속에 살아가니 스스로 중생이라 생각하여 생사고해生死苦海를 벗어날 수가 없습니다. 하지만 하근기라도 자기가 본래부처라는 정견을 세우고 선지식으로부터 돈오 법문을 듣고 자기 생각에서 늘 지혜를 일으키면 누구라도 깨칠 수 있습니다. 우리는 본래부처이기에 '내가 있다'는 그 착각만 깨면 단박에 부처로 돌아가 영원한 자유와 행복을 누릴 수 있습니다.

상근기와 하근기가 따로 없다

상근기든 하근기든 본래부처고, 절대적이고 무한한 지혜와 능력을 다 갖추고 있는 존재입니다. 단지 하근기라 함은 자신의 부처인줄 모르고 중생이라 착각에 빠져 양변에 허덕이며 살아가는 이를 말하지요. 참 안타까운 일입니다. 상근기란 자기가 본래부처라는 것을 믿고 실천하는 이를 말합니다. 상근기와 하근기 사이에는 어떤 차별도 없습니다. 똑같은 존재이나 단지 착각 속에 사느냐, 자기 자신을 바로 알고 사느냐는 생각의 차이입니다. 이 생각의 차이가 실제 화두 참구하는 데에도 크나큰 영향을 줍니다. 참선 초심자들이 좌선할 때 화두 일념이 되지 않는 것은 번뇌망상이 오락가락하기 때문인 경우가 대부분입니다. 실제 화두삼매를 한 번이라도 체험하게 되면 참선에 확신이 서서 공부가 순일하게 됩니다.

그런데 화두 삼매 체험이 쉽지 않아요. 왜 그런가?

내가 있고, 번뇌망상이 실체가 있다고 생각하면 망상에서 벗어날 수가 없습니다. 망상이 망상으로 꼬리를 물고 일어나지요. 하지만 내가 본래 무아·공이니 실체가 없다, 내가 없으니 번뇌망상도 실체가 없는 것이다, 이렇게 정견을 세워 지혜로 비춰보면 그 번뇌망상이 다 허깨비요, 꿈 같은 것이니 신경 쓸 게 없고 오직 화두에만 집중할 수가 있습니다. 정견이 서면 화두 삼매를 쉽게 체험할 수 있습니다.

그래서 참선에 입문하는 이들은 부처님이 깨친 중도연기, 무아·공을 철저히 공부해서 우리가 본래부처라는 정견을 갖추고 화두 공부에 들어가야 한다고 강조하는 것입니다. 성철 스님은 참선하려면 먼저 불교를 바로 아는 안목을 갖추고 화두를 배워서 해야 한다고 하셨어요.

하지만 지금 참선하는 사람들 가운데에 불교에 바른 안목을 갖추는 사상 정립을 하고 화두를 제대로 배워서 하는 사람들이 많지 않습니다. 참선에 입문하면 공부 도중에 여러 장애나 경계를 만나며 '아, 나는 참선 인연이 안되는구나!', '참선은 상근기나 하는 것이라 나 같은 하근기 중생은 안되는구나!' 하고 퇴굴심退屈心으로 쉽게 물러서는 경우가 많습니다. 또는 참선 도중에 신비한 경계를 체험하고는 거기에 집착하여 스스로 깨쳤다거나 이상한 길로 빠지는 경우도 있습니다. 어떤 경우는 참선을 몇십 년을 해도 공부에 진척이 없고 앉으면 졸거나 적적 삼매에 빠져 공부를 그르치는 경우도 있습니다. 평생 참선을 해도 정견을 모르거나 성성적적한 화두 삼매를 체험하지 못하면 화내거나 인색한 마음이 줄어들지 않아 자기 마음도 선방도 늘 시비 갈등에서 벗어날 길이 없습니다. 지금 우리 선방에는 이렇게 공부하는 이가 없는지 스스로 잘 살펴보아야 합니다.

처음 참선에 입문하는 이는 물론이거니와 참선을 오래한 사람도 반드시 불교에 정견을 세우고 선지식에 의지해서 화두 참선을 해나가야 합니다. 특히 참선을 오래했는 데도 화두의 성성적적 삼매를 체험하지 못하는 분들은 성철 스님의 『백일법문』 상권을 반복해서 읽으세요. 그렇게 부처님이 깨친 중도연기를 확실히 이해해서 중도정견을 갖춘 후에 화두 참선하시길 간곡히 권해드립니다.

정견을 갖추고 자기 마음을 믿으면 상근기

거듭 말하지만 상근기·하근기가 따로 없습니다. 『백일법문』을 반복해서 읽거나 다른 경전이나 선어록 또는 선지식의 돈오 법문을 통해서 자기 자신이 중도연기로 존재한다는 것을 확실히 아는 것이 먼저에요. 그렇게 해서 정견이 서고 자기 자신이 절대적이고 무한한 지혜와 능력을 다 갖춘 존재라는 믿음이 생기고 그것을 체험하고 나면 실천해야겠다는 발심이 납니다. 이런 사람이 상근기에요. 무엇보다 불법을 믿고 자기 자신을 믿어야 합니다.

하근기로 불리는 사람은 자기 자신을 믿지 못하고 자기 밖의 선지식이나 다른 무엇을 믿습니다. 늘 자기를 중생이니 하근기니 공부가 부족하니 능력이 없다고 상대 분별심으로 봅니다. 이런 분은 늘 자기 자신에 대한 자신감이나 자존감이 부족하여 부처로 살아보겠다는 용기를 내기가 어렵습니다.

불교를 공부하는 이는 먼저 부처님이 깨친 중도연기를 이해하고 믿으면서 자기 자신 또한 부처님과 똑같은 지혜와 깨칠 능력을 가지고 있다고 믿어야 합니다. 단박 깨치는 돈오선頓悟禪, 화두 참선을 하려는 이는 자기 자신이 본래부처이고 자기 마음이 바로 부처님 마음임을 확신하고 용기를 내어야 합니다. 정견과 믿음이 굳건할수록 화두 참선이 잘되며 공부가 빠릅니다. 반대로 삿된 견해에 집착하고 자기 마음과 능력에 믿음이 약할수록 화두 참선이 어렵고 공부가 흔들립니다. 박산무이(博山無異, 1575-1690) 선사는『참선경어』에서 이렇게 말씀하십니다.

"선종禪宗에서는 범부凡夫에서부터 완전히 부처와 똑같다고 한다. 이 말을 사람들이 믿기 어려울 것이나, 믿는 사람은 선禪을 할 수 있는 그릇이고 믿지 않는 사람은 이 근기가 아니다. 모든 수행자가 이 방법을 택하려 한다면 반드시 믿음으로부터 들어와야 한다. 그런데 '믿음'이란 말에도 그 뜻이 얕고 깊은 차이와 바르고 삿된 구별이 있으므로 가려내지 않으면 안 된다. 믿음이 얕다고 하는 것은 무엇을 말하는가? 불교에 입문한 이라면 뉘라서 신도가 아니라고 자처할까마는 그런 사람은 단지 불교만을 믿을 뿐 자기 마음을 믿지 않으니 이것을 말한다."

자기가 본래부처이니
단박에 깨친다

29

단박 깨침, 돈오頓悟란 무엇인가?

선에서는 깨달음을 단박 깨치는 돈오라 합니다. 돈오頓悟의 사전적인 뜻은 '단박 돈頓'자에 '깨달을 오悟'자로 단박에 깨친다는 뜻이죠. 깨달음이 오랜 시간 걸리는 것이 아니라 찰나간에 단박에 깨친다는 겁니다. 그래서 '돈오법頓悟法', '돈오선頓悟禪', '돈법頓法'이라는 말도 씁니다.

이것이 조사선의 종지宗旨이고 특색입니다. 중국에서 정립된 선종이 짧은 기간에 천하에 확산된 이유는 바로 이 찰나간에 깨치는 돈오법이라는 가치 때문입니다. 돈오선이 나오기 이전에 불교는 중생이 세세생생 수행해서 깨쳐야 부처가 된다고 가르쳤지요. 예나 지금이나 이런 입장에서 불교를 닦아가는 분들이 상당히 많아요.

달마 대사는 2조 혜가 스님에게 마음을 바로 깨치는 돈오법을 전했고, 이 돈법은 4조 도신 스님과 5조 홍인 대사에 이르러 '동산법문東山法問'으로 세상에 알려졌지요. 이때 무지렁이 나무꾼 혜능이 찾아와 8개월 행자생활 만에 단박 깨치고 조사선을 정립합니다. 『육조단경』에는 돈오를 이렇게 설명합니다.

"선지식아, 나는 홍인 화상 회하에서 언하대오言下大悟

하여 진여본성을 단박에 보았다. 그러므로 이 가르침의 법을 뒷세상에 유행시켜 도를 배우는 이로 하여금 지혜를 단박에 깨달아 각자 스스로 마음을 보아 자성을 단박 깨치게 하려다."

혜능 스님은 홍인 화상이『금강경』읽어주는 말을 듣고 돈오하였다고 스스로 밝히시고, 이 돈법을 유행시켜 도를 배우는 이들이 스스로 단박 깨치게 하라 하셨지요. 이것이 선禪입니다. 선의 깨달음은 단박 깨침, 돈오입니다.

그러므로 선에 바른 안목을 갖추려면 돈오에 대하여 바로 알아야 합니다. 선에서 말하는 단박 깨침의 돈오란, 나를 포함하여 우주 만물이 중도연기로 본래 성불해 있다는 입장입니다. 다시 말해서 우주 만물이 연기로 존재하니 실체가 없이 서로 의지하여 존재합니다. 내가 있다거나 없다거나 하는 것은 양변의 편견일 뿐 나는 중도연기로 있는 것도 없는 것도 아닌 존재입니다. 내 마음이라는 것도 실체가 없이 공한 것이요. 내가 중도연기고 무아·공이니 깨칠 나란 사실은 본래 없습니다.

그런데 우리는 내가 있다고 생각하고 그것도 중생이라 착각하며 평생 살아가고 있으니 생로병사의 괴로움을 벗어날 수 없습니다. 내가 본래 연기·무아인데,

'있다'는 착각에 빠져 편견으로 살아가고 있는 겁니다. 그래서 선지식을 만나 내 자성이 본래 실체가 없는 무아·공이란 것을 바로 알면 돈오한다는 겁니다.

'아, 나라고 할 실체가 본래 없는데 내가 착각해서 중생이니 부처니, 깨달음이니 미망이니 하고 양변에 집착하고 살았구나!'

이것을 단박에 깨치는 것이 바로 돈오선입니다. 비유하면, 우리가 잠잘 때 꿈을 꾸다 깹니다. 꿈꾸다가 깨어날 때는 찰나에 깨지요? 꿈 깨는 것과 같은 것이 돈오, 단박 깨침입니다. 우리가 내가 중생이라 착각하고 살다가 선지식의 돈오 법문을 듣고 내가 중생이라는 착각만 단박 깨치면 자기와 현실을 바로 보게 됩니다. 꿈속을 헤매다 깨어나면 꿈속 일이 모두 허망하고 사실이 아니듯이 착각에서 벗어나며 자기와 현실을 있는 그대로 보는 지혜가 열립니다.

단박 깨침이니 단박에 닦는 돈수頓修

우리가 본래부처이니 중생이라는 착각만 단박 깨치면 본래부처로 돌아가 영원히 지혜로워집니다. 깨달음은 꿈 깨는 것과 같으니 점차 깨치는 것이 아니고 찰나간에 깨칩니다. 그래서 선문禪門에서는 점점 닦아 간다거나 점점 깨친다는 말은 인정할 수 없습니다. 중생-부처, 번뇌-지혜, 못 깨침-깨침 등 일체의 대립하는 양변이 실체가 없고 연기 현상일 뿐이지요. 중생도 부처도 연기·무아입니다. 연기·무아를 깨치는 것이니 깨달음 그 자리에는 아무런 차별이 없습니다.

선문禪門에서는 중생과 부처의 양변을 인정하지 않으니, 중생이 닦아서 부처 된다는 말도 방편으로 쓰는 말이지 실법實法이 아닙니다. 본래부처인데 중생이라 착각하고 있으니 몰록 깨치면 본래부처로 돌아가는 겁니다. 찰나간에 착각만 비우면 되지요. 찰나간에 비우니 단박에 닦는 돈수頓修라 하고요.

그렇다면 평생 선방에서 좌선하는 것은 무엇인가? 이것은 아직 착각에서 깨어나지 못하고 있으니 꿈속 일입니다. 깨치지 못한 착각에서 깨어나기 위해 닦는 것이니 아직은 착각 속의 일일뿐입니다. 아직 자신이 본래부처인줄 모르고 중생이라는 착각에서 벗어나려 몸부림치고 있을 뿐입니다. 이것은 아직 달이 아닌 손가락에 머물러 있는 것이니, 깨달음이 아니고 과정에 있는 것입니다. 선문에서 돈오를 잘 설명한 법어로 마조 스님의 제자 대주 스님의 설명이 유명합니다.

"돈오頓悟란 무엇인가?
단박에 번뇌망상을 없애어(頓)
깨달을 것이 없다는 것을 깨닫는다(悟)."

번뇌망상은 실체가 없습니다. 번뇌망상을 일으키는 나도 실체가 없는 무아·공입니다. 그러니 내가 있다, 내가 중생이라는 번뇌망상만 비우면, 깨달을 것도 없다는 것을 깨치는 겁니다. 결국 깨달음, 돈오란 일체의 번뇌망상을 없애는 것이죠. 번뇌를 완전히 비워 더비울 게 없어야 완전한 깨달음입니다.

어떤 이는 "깨달아 부처가 되어도 습기나 미세한 망념은 있지 않겠는가?" 하고 묻습니다만, 선의 본래성불의 입장에서는 그렇게 보지 않아요. 그것은 불교의 입장에서도 잘못된 견해예요. 부처님께서 말씀하신 아뇩다라삼먁삼보리, 즉 무상정등각無上正等覺이란 '위없는 바른 깨달음'을 말하는데 이것은 습기나 미세 망념이 남아 있는 깨달음이 아니고 완전한 깨달음을 말하는 겁니다. 그래서 선에서는 깨달음을 확철대오란말을 씁니다. 확실하게 크게 깨쳤다는 말입니다. 이것은 미세 망념이나 습기까지도 완전히 비워 생로병사를 완전히 해탈한 경지, 위없는 바른 깨달음을 말합니다.

왜 돈오돈수를 알지 못하는가?

돈오와 돈수에 대해서 이렇게 설명드려도 아직도 알지

못하는 분들이 계실 겁니다. 그럼 반대로 왜 깨달음을 돈오점수, 점오점수로 이해하려는지 살펴봅니다.

대체로 돈오돈수의 사상적인 근거는 중도연기이고, 점오점수의 기반은 생멸연기(生滅緣起, 내가 태어나 늙고 병들어 죽으니 무아無我라는 입장. 여기에는 생사生死가 있다)입니다. 나와 우주만물의 존재원리가 중도연기(中道緣起, 내가 태어나는 것도 무아, 늙고 병드는 것도, 죽는 것도 그대로 무아라는 입장. 여기에는 생사가 하나)라는 것을 확실히 알게 되면 깨달음이란 것도 무아·공이라는 것을 알게 됩니다. 실제 깨칠 게 없다는 것을 깨치는 겁니다.

그래서 누가 "스님은 돈오돈수입니까, 돈오점수입니까?"하고 물으면, "나는 무돈무수無頓無修다"하고 말합니다. 깨달을 것도 닦을 것도 본래는 없습니다. 우리는 이미 완성되어 있고, 깨달아져 있어요. 단지 '내가 있다', '나는 중생이다'는 착각, 망상만 몰록 깨치면 본래부처로 돌아가는 겁니다. 본래는 깨달을 것도 닦을 것도 없는 무돈무수!

그러면 또 이렇게 물어요. "무돈무수면 애써서 공부할 필요가 없네요?" 번뇌망상과 착각에서 단박에 벗어나면 더 수행할 필요가 없지요. 하지만 그게 쉽지 않지요! 누가 단박에 번뇌를 완전히 비워 깨칠 수 있습니까? 혜능 스님도 8개월 행자생활을 했고, 성철 스님도 재가자로 화두 참선해서 42일 만에 동정일여에 이르렀고, 그 뒤에도 장좌불와하는 등 각고의 정진을 합니다. 그렇지만 거기에 머물지 않고 마지막 번뇌까지 완전히 비우는 확철대오해야 합니다.

번뇌망상과 착각에서 완전히 벗어나기 위해 돈오하려면 진심으로 노력하고 정진해야 합니다. 세상에 그냥 되는 법은 없지요. 다만 내가 본래부처라는 믿음과 돈오라는 확신을 가지고 한 생각 한 생각, 매일매일 공부해나가면 그 과정도 즐겁고 행복합니다. 설사 확철대오를 하지 못하더라도 그 닦아가는 과정도 지혜로워지고 밝아집니다. 정견을 세우고 참선하면 노력하고 정진하는 만큼 행복합니다.

돈오점수와
생멸연기관에 대하여

30

선은 본래부처가 중생이란 착각에서 깨어나 부처되는 것이니 단박 깨침, 돈오입니다. 단박에 깨치니 단박에 닦는 돈수頓修이고요. 선은 오직 달, 즉 깨달음만을 사실로 보고 달을 가리키는 손가락이나 방편은 인정하지 않습니다. 선은 절대세계입니다. 이것이 선의 특색입니다. 선은 중생과 부처, 깨달음과 미망 같은 대립하는 양변을 인정하지 않습니다. 이것은 착각된 상대 분별의 세계일 뿐, 중도불이中道不二의 절대세계인 선이 아닙니다.

우리가 본래부처이나 중생이라는 착각에서 살아가는 상대 분별의 안목으로는 깨달음의 절대세계인 선禪을 이해하기가 참으로 어렵습니다. 그중에서도 돈오와 돈수는 더욱 더 그렇습니다. 참선 수행을 오랫동안 해온 분들조차 돈오와 돈수를 정확히 알고 남에게 설명할 수 있는 분이 많지 않은 것이 현실입니다. 저역시 강원 공부를 하고 선방에 꽤 다녔어도 돈오점수가 옳고 돈오돈수는 틀렸다고 생각했습니다. 그러다어느 날 선방에서 어떤 경계를 체험하고 무심코『육조단경』을 보다가 중생과 부처라는 양변의 세계가 무너지고 하나라는 것을 깨달아 방향 전환을 했습니다.

직지直指, 돈오頓悟의 간화선을 하는 참선 수행자들이 스스로 본래부처가 부처되는 '달 불교'를 알지 못하면, 결국 교학이나 남방 위빠사나 수행법에서 말하는 중생이 세세생생 닦아서 부처, 아라한이 되는 '손가락 불교'를 하게 됩니다. 이것은 돈오와 직지가 아니니 참선에서 큰 진전이 어렵습니다. 왜냐하면 스스로 중생이라 생각하고 믿고 부처되기 위해 참선한다는 입장은 부처님이 깨친 중도에 정견이 서지 못하여 깨달음세계를 모르고 깨달음을 향해 가는 것과 같습니다. 이런 분들은 금강산이 무엇이고 어디에 있는지도 모르면서 이미 집을 나서 금강산을 찾아가려는 격입니다.

그렇다면 본래성불의 선禪에 어째서 중생과 부처, 번뇌와 망념이 있다고 보는 돈오점수 수행관이 스며들어 혼돈을 낳고 있을까요? 그것은 이미 성철 스님이『백일법문』을 통해서 소상히 밝혀 놓았습니다만, 정리해 보면 이렇습니다.

돈오점수頓悟漸修란 무엇인가?

돈오점수의 입장은 부처님이 방편으로 말씀하신 경전에 일반적으로 설해져 있습니다. 그래서 경전을 중심으로 수행하는 교학, 교종에서는 일반적으로 중생이 점점 닦아가서 부처가 된다는 돈오점수의 입장입니다. 남방불교에서 전통으로 삼고 있는 위빠사나-사마타 수행법에서도 중생이 '수다원-사다함-아나한-아라한'이라는 단계별 수행이 방편으로 마련되어 있지요. 지금 위빠사나 수행은 훨씬 더 세밀한 수행체계를 말하고 있답니다. 그만큼 구체적이고 자상한 면이 장점이나 한편으로는 매우 복잡하고 단계적이지요.

북방 대승불교권에서도 교학은 중생이 부처된다는 양변에서 닦아가는 입장이지요. 반면에 육조혜능 대사가 정립한 선禪은 오직 깨달음 세계인 본래성불과 현실극락 입장만을 진실로 보고 그 외 중생과 부처, 깨달음과 미망 등 양변은 방편, 손가락으로 봅니다. 선을 정립한 혜능 스님이 중국 남쪽 변방에서 법을 펼때 북쪽 낙양과 장안 등에서 크게 활약한 분이 바로 점수법漸修法을 대표하는 신수(神秀, 606~706) 대사입니다. 하지만 신수 대사는 5조 홍인 문하에서 결국 깨치지 못한 인물로 기록되어 있습니다.

깨달음에 대한 점수 입장은 이후 규봉종밀(圭峰宗密, 780~841) 스님에 의해 정립되었고, 우리나라에는 보조지눌(普照知訥, 1158~1210) 스님이 소개하였습니다. 보조 스님의 대표 저작으로 소개되는『수심결修心訣』에는 돈오점수의 견해가 정리된 구절이 있지요. 조금 길지만, 워낙 중요한 대목이라 소개합니다.

"(묻다) 스님께서는 돈오頓悟와 점수漸修의 두 문이 모든 성인聖人이 밟아온 길이라 하였습니다. 깨달았다면 이미 돈오한 것인데 어째서 점점 닦아야 하며, 그 닦음이 만약 점점 닦아야 할 것이라면 어째서 돈오라고 말할 수 있습니까?"

"(답하다) 돈오라는 것은 범부가 미혹했을 때, 사대四大를 몸으로 삼고, 망상을 마음이라 하여 자기의 성품이 참 법신法身임을 알지 못하고, 자기의 신령한 지혜가 참 부처인줄을 알지 못해서, 마음 밖에서 부처를 찾아 물결치듯이 흘러 다니다가 갑자기 선지식의 가르침으로 바른 길로 들어가 한 생각에 심광心光을 돌이켜서 자기의 본성을 보면, 이 성품에는 본래 번뇌가 없고, 번뇌가 없는 지혜의 성품이 본래 스스로 갖추어져 있어서 모든 부처님과 더불어 털끝만큼도 다르지 않기 때문에 돈오라 하는 것이다. 점수라는 것은 비록 본래의 성품이 부처와 다르지 않음을 깨달았으나, 오랜 세월의 습기習氣는 갑자기 제거하기 어려우니 그 깨달음에 의지해 닦고 점점 익혀서 공을 이루고, 또 오랫동안 성인의 자질을 잘 길러나가야 성인이 되는 것이므로 점수라 하는 것이다. 비유하자면 어린아이가 처음 태어났을 때 모든 기관이 갖추어져 어른과 다르지 않지만, 그 힘은 충실하지 못하므로 어느 정도 세월이 지나야 비로소 성인成人이 되는 것과 같다."

『수심결』에는 돈오와 점수의 두 문이 있고, 범부와 성인도 있지요? 벌써 양변으로 나눈다면 중도불이中

道不二의 선禪이라 하기 어렵지요. 선에는 두 문門은 커녕 한 문도 없습니다. 그것을 조사들은 무문관無門關 또는 대도무문大道無門이라 하지요. 또한 범부와 성인도 둘이 아니라 하나입니다. 범부도 중도연기로 존재하고 성인도 그렇게 존재하니 하나입니다. 둘로 보면 정견이 아니지요. 그래서 돈오와 점수 두 문을 말하는 것은 선의 종지에서 어긋납니다. 또 "깨달았으나 오랜 습기習氣는 갑자기 제거하기 어려우니…" 하는 대목도 습기를 인정하는 것이 되니 이것도 실체를 인정하지 않는 선과는 다르지요?

선문禪門에서는 확철대오, 즉 번뇌망념이 완전히 비워진 것을 견성이라 합니다. 아직 미세하나마 뭔가 남아 있으면 돈오라 할 수 없습니다. 마지막 비유인 어린아이가 세월이 흘러서 성인이 되는 것과 같다고 돈오점수를 설명했는데, 이것도 어린아이와 성인이라는 양변이 있으니 선이 아닙니다.

『수심결』에서 돈오점수 견해를 뒷받침하는 교리적인 견해가 생멸연기生滅緣起입니다. 생하고 멸하는 것이 '있다(有)'는 입장으로 연기를 보는 것이지요. 이런 연기관으로 보니 어린아이와 성인이 사람인 것은 같으나 세월이 흘러야 성인이 된다고 하는 것처럼 생하고 멸하는 것이 있고, 있으니 시간 관념이 들어갑니다. 내가 태어나 늙고 병들어 죽으니 무아無我라는 입장이 되어 생로병사하는 내가 있다고 보는 것이죠. 내가 있으니 윤회 반복하는 것입니다.

반대로 생멸연기가 아닌 중도연기로 보는 견해가 있지요. 이 중도연기가 바로 선입니다. 즉, 범부와 성인도 중도연기로 존재하니 실체가 없습니다. 그러니 본질은 하나입니다. 어린아이나 성인도 기능과 모양은 다르지만, 본질은 연기로 존재하니 실체가 없어 무아·공입니다. 그래서 『반야심경』에 '불생불멸不生不滅'이라고 하는 겁니다. 태어나는 것도 사라지는 것도 없습니다. 선사들이 흔히 말하는 '생사일여生死一如', '번뇌즉보리煩惱卽菩提'라는 말도 같아요. 생生과 사死도 겉모습은 다르지만, 본질은 연기이니 하나지요.

이와 같이 우주 만물을 중도연기로 본래성불로 보는 중도정견이 선禪입니다. 이와 달리 우주 만물을 생멸연기로 보게 되면 생과 사, 중생과 부처, 번뇌와 지혜가 각각 있는 것으로 보아 양변을 인정하고 그 바탕에서 닦아가는 점수漸修가 옳다는 견해에 이르게 됩니다. 불교의 수행체계로 볼 때 남방의 위빠사나와 교학은 돈오점수 방법으로 실천해 나가고 있습니다. 물론 이것은 이것대로 나름의 수행체계입니다. 다만, 조사선·간화선을 말한다면 오직 본래부처, 현실극락뿐이니 중도연기관이며, 돈오돈수, 대도무문, 무돈무수, 닦되 닦음이 없는 무수지수無修之修의 수행이라는 것을 아시기 바랍니다.

큰 도는 문이 없다

31

번뇌가 곧 깨달음이다

선의 깨달음이 돈오라는 것을 이해한 분들도 단박에 닦는다는 돈수頓修에서 또 막히지요. 평생 수행해도 깨치지 못하는데 단박에 닦는다니 도대체 이게 무슨 말일까요? 돈오는 이해해도 돈수는 참으로 알기 어렵습니다.

조사선의 바이블이라는 『육조단경』 「돈수頓修」에 재미있는 일화가 기록되어 있지요. 육조혜능 대사 당시에 세상 사람들은 '남돈북점南頓北漸'이라 하여 남쪽 혜능 대사는 돈오법, 북쪽 신수 대사는 점수법을 가르친다고 말하였습니다. 이에 신수 대사는 어느 날 총명한 제자에게 혜능 대사한테 가서 몰래 법문을 듣고 와서 누가 빠르고 더딘지 알려 달라고 합니다. 그 제자는 조계산으로 가서 혜능 대사의 돈오 법문을 듣고는 그만 그 자리에서 언하대오言下大悟하고 말합니다.

"저는 옥천사에서 왔는데, 신수 스님 밑에서는 깨치지 못하다 큰스님 법문을 듣고 바로 본래 마음에 계합하였습니다."

"네가 거기에서 왔다면 염탐꾼이로구나!"

"말하지 않을 때는 그러하나, 말씀드렸으니 이미 아닙니다."

"번뇌가 곧 깨달음(煩惱卽菩提)이라는 것도 이와 같다."

선에서 아주 유명한 법문이지요. 점수법의 신수 대사의 제자가 염탐하러 왔다가 혜능 대사의 법문을 듣고 돈오한 대목입니다. 혜능 대사의 돈오법문은 이와 같이 단박 깨치고 단박에 닦는 가르침이지요. 우리는 본래부처이기 때문에 중생이라는 착각을 단박 깨치면 단박에 닦아 도로 부처로 돌아가는 것입니다. 선은 그렇습니다. 그래서 "번뇌즉보리煩惱卽菩提"라 하지요. 번뇌와 보리(깨달음)가 다르다고 보는 것은 단지 착각입니다. 본질을 보지 못하고 현상만 보니 다르게 보이지요. 번뇌도 보리도 연기라는 본질을 보면 있는 것도 아니고 없는 것도 아니니 중도로 존재하며, 모두 실체가 없으니 무아·공이라 합니다. 그러니 번뇌가 곧 보리, 깨달음입니다.

중생과 부처도 이와 같습니다. 중생과 부처를 각각 실체로 보면 다르게 보입니다. 하지만 중생도 부처도 중도연기이고 무아·공이지요. 그러니 중생이 곧 부처고, 부처가 곧 중생입니다. 존재 원리로 보면 중생과 부처는 하나, 불이不二입니다. 이것이 중도연기법이고 부처님은 이것을 깨달아 어떤 물건이나 생각에도 집착하지 않는 대자유인이 된 것이죠. 반면에 신수 대사는 중생과 부처, 번뇌와 보리가 따로따로 있다고 착각하고 있습니다. 이렇게 보면 중생이 열심히 점점 닦아가 깨쳐 부처가 된다는 돈오점수가 옳고 돈오돈수는 이해할 수가 없지요.

성철 스님과 서옹 스님께 돈오돈수를 묻다

나도 젊은 시절에는 돈오점수가 옳고 돈오돈수는 틀렸다고 생각했습니다. 예전에 봉암사에서 서옹 스님을 모시고 살던 어느 날 노장께 이렇게 물은 적이 있어요.

"스님, 『서장』「이참정」편에 '이치는 곧 돈오이나 일은 단박에 없애지 못한다(理則頓悟 事非頓除)'는 부분을 어떻게 생각하십니까?"

그런데 노장께서는 의외로 "나는 『서장』을 안 봤어" 해서 놀랐습니다. 급히 『서장』을 구해와 서옹 스님께 보여드리니 "이 부분은 대혜 스님의 사상과는 근본적으로 맞지 않다. 아마도 재가자에게 하는 말이니 방편으로 하였거나 뒷날 누군가 책 만들면서 임의로 넣은 것 같다"고 하셨어요. 당시에는 서옹 스님 말씀이 납득이 안 되었습니다.

또 한번은 성철 스님께 돈오돈수 문제로 따지고 대든 일이 있습니다. 1970년대 어느 날인가, 내가 머물던 남해 용문사 염불암에 성철 스님이 갑자기 오셨어요. 당시 제자인 비구니 백졸 스님이 용문사 주지를 하게 되어 아마도 노장께서 와 보신 것 같은데(지금 해인총림 유나 원타 스님이 그때 시자로 모시고 왔다는 것을 뒷날 알았다), 비구니 도량이니 노장께서 염불암으로 올라와 내 방에서 주무시게 되었어요. 당시만 해도 나는 돈오점수 기준으로 깨달았다고 생각하고 보림하던 터였으니, 돈오돈수 대장인 성철 스님이 온다니 '잘됐다, 한 판 해야겠다' 단단히 결심하고 방으로 모시고 들어가 절하고는 대들었습니다.

"스님, 돈오점수가 맞지 않습니까?"하고 단도직입하니, 성철 스님은 아무런 대꾸도 없이 휙~하고 돌아누워버리더군요. 나는 비장한 각오로 대들었는데, 휙~ 돌아누워 아무 대꾸도 없으니 어떻게 할 수가 없어서 그냥 물러 나오게 되었습니다. 그런데 시간이 지나 돈오돈수를 알고 보니, 노장의 그 행동이 그대로 훌륭한 법문이었는데, 그때는 그걸 몰랐던 거죠. 그러다 1980년대 어느 날 태백산 각화사 동암에서 무심코 『육조단경』「정혜」편을 보다가 백척간두진일보百尺竿頭進一步의 뜻을 깨닫고는 비로소 돈오돈수를 제대로 알게 되었어요. 그동안 '돈오점수가 맞다'고 생각했는데, 완전히 다른 안목이 열렸습니다. 특히 돈오돈수는 성철스님의 『백일법문』에 잘 정리되었다는 것을 그때 알았지요.

돈오돈수를 바로 알아 공부 방향을 전환하니 그동안 돈오점수할 때 맺은 인간관계에서 많은 문제가 생겼어요. 돈오점수 기준으로 볼 때 깨쳤다고 인정해주고 아껴주던 선배 노장들께서 제가 돈오돈수 이야길 하고 "아직 깨친 게 아니다"하니 완전히 외면하셨어요. 참 안타까운 일이 일어났지요. 인간적인 정리로 봤을 때는 제가 참 좋아하고 스승으로 따르고 형제처럼 지낸 분들인데 그렇게 되더군요. 수행자들조차 이럴진대 학자들이나 재가자들도 마찬가지일 겁니다. 그래서 늘 이렇게 말합니다.

"조사선, 간화선은 본래성불의 돈오돈수 입장이나 깨달음으로 가는 길은 돈오점수도 있다. 좀 느리고 빠른 차이는 있지만, 잘못된 길이 아니고 다 같은 깨달음으로 가는 길이니 서로 다투거나 차별하면 부처님 가르침이 아니다."

언젠가 도반들과 돈점頓漸 법담을 하던 중 이런 말을 해주면서 "돈오돈수와 돈오점수가 서로 싸우면 나는 무돈무수無頓無修다"고 했더니, 한 도반이 『육조단경』 「돈수」 편에 그 말이 나온다는 거예요. 그래서 찾아보니 과연 「돈수」 편에 이렇게 나와요.

"점漸과 돈頓이란 무엇인가? 법은 한 가지이나 견해에 더디고 빠름이 있다. 견해가 더디면 점이고, 견해가 빠르면 돈이다. 법에는 점과 돈이 없으나 사람에게 영리함과 우둔함이 있으니 점과 돈이라 이름한다."

혜능 스님 법문과 같이 법에는 돈과 점이 없습니다. 중생과 부처, 번뇌와 깨달음, 돈과 점이 실체가 없지요. 법은 하나입니다. 단지 사람의 견해에 더디고 빠름이 있으나 이것도 방편으로 한 말이지 법이 아닙니다. 즉, 견해가 더딘 사람을 '점수漸修'라 하고, 견해가 빠른 사람을 '돈수頓修'라 하지만, 법에는 돈점이 없어요. 중도연기, 무아·공인 본래부처 자리에 무슨 돈점이 있겠습니까?

돈수의 가치, 대도무문

그런데 왜 돈수頓修라고 하느냐? 선은 본래부처인데 중생이라 착각에 빠져 있으니 그 착각을 깨는 깨달음이라는 관문이 있어야 합니다. 그게 바로 대도무문大道無門, 큰 도는 문이 없고, 무문관無門關, 문 없는 문이요, 단박 깨치고 단박에 닦는 돈오돈수頓悟頓修라 이름합니다.

그러면 돈수라는 것이 깨달음에 어떤 도움이 되는가 한번 정리해 볼 필요가 있습니다. 자기가 본래부처라는 것을 이해하여 정견을 세우고 발심을 내어 그렇게 공부해 가는 사람은 몇 가지 점에서 다릅니다.

먼저, 자기 스스로 본래부처라는 자존감과 자신감이 나와서 언제 어디서나 당당합니다. 그리고 항상 스스로 본래부처라 알고 믿고 그것을 바탕으로 공부해 나가니 역경계나 순경계를 만났을 때도 덜 흔들리고 쉽게 중심을 회복합니다. 짜증이나 화가 나 스트레스를 받거나, 욕망이 일어나거나, 집착할 때도 '본래부처인데 이러면 안 되지, 삼독심이 나는 것은 착각이고 집착이지'하고 쉬이 정견을 회복할 수 있지요. 더 나아가 인간관계나 수행에서도 매우 유용합니다.

나와 너, 번뇌와 지혜, 중생과 부처, 돈수와 점수 같이 양변을 나눠 보고 분별망상이 일어나면 '착각이다, 쌍차쌍조해서 다 아울러야지'하면서 중도정견으로 대처해 나가세요. 그러면 지혜가 나옵니다. 우리가 본래부처라는 것을 확신하는 사람은 자기가 본래부처라는 가치를 아니까, 착각에서 벗어나기 위해 깨달음이라는 분명한 목적을 가지고 적극적이고 즐겁게 공부해 나갈 수 있습니다.

반대로 본래 중생이라 생각하고 부처되기 위해 수행한다고 하면, 벌써 나는 중생이라는 분별심과 양변에 떨어져 쉽게 벗어나기가 어렵습니다. 점차가 있으면 훨씬 어렵고 힘들게 공부하게 되지요.

깨달음에 대하여

32

화두 타파해서 확철대오해야 깨달음

화두 참선에서 깨달음은 화두가 타파될 때 이루어집니다. 우리가 화두 참선을 시작해서 생소하던 화두가 익숙해지고 익숙했던 분별망상이 낯설어지면 공부에 진전이 있게 됩니다. 그러다 안거나 집중 수련 기간에 화두에 몰입하면 화두 삼매를 체험할 수 있습니다. 나와 화두가 하나 되어 화두 일념이 5분 이상 끊어지지 않고 지속되면 삼매에 들어갑니다.

화두 의심이 지속되는 삼매가 점점 깊어지면 선방에 앉아있을 때나 화장실이나 식당을 오고 가고 해도 화두 일념이 끊어지지 않는 동정일여를 체험할 수 있습니다. 또 꿈속에서도 지속되고(몽중일여), 자나깨나 화두 삼매가 지속되면(오매일여), 깨달음이 가까워진 것입니다.

어쨌든 자나깨나 화두 의심이 지속되는 오매일여 경지에 이르러도 아직 깨친 게 아닙니다. 이때에도 화두를 놓지 말고 힘껏 밀어붙이는 것을 "백척간두진일보" 또는 "은산철벽 투과"라고 표현하지요. 우리나라 스님으로 화두 참선으로 깨쳐 중국에까지 가서 인가를 받아 온 태고 스님이나 나옹 스님의 어록에 보면, 자나깨나 화두 삼매가 3일 내지 7일 지속되면 깨칠 수 있다고 하였습니다. 이와 같이 오매일여 상태에서도 화두를 밀어붙이면 마침내 화두 의심이 타파되어 확철대오廓撤大悟하게 됩니다. 간화선을 정립한 대혜 스님은『서장』에서 확철대오를 이렇게 설명합니다.

"확철대오廓撤大悟하면 가슴속 밝음이 백천 개 해와 달 같아 시방세계를 한 생각으로 밝게 통달하되 한 털끝 만큼도 분별심이 없으니 비로소 구경究竟에 이르게 될 것입니다. 과연 능히 이와 같으면 어찌 단지 생사의 길 위에서만 힘을 얻겠습니까? 다른 날에 다시 권력을 잡아 임금을 요순의 지위에 올리기를 손바닥 가리키는 것과 같이 할 것입니다."

대혜 스님은 마치 하늘에 해와 달이 백천 개가 떠 있는 것처럼 마음이 환히 밝아져 분별심이 완전히 사라져 깨친다는 겁니다. 화두가 타파되면 천 가지 만 가지 의심이 한 번에 타파되고 일체 분별망상도 사라져 하늘에 백 개나 천 개의 태양과 달이 온 천하를 밝히듯이 마음이 그렇게 밝아집니다. 깨치면 생로병사를 해탈하여 부처가 됩니다. 아니, 본래부처로 돌아갑니다. 우리는 본래부터 무한한 지혜와 능력을 가진 부처인데, 분별망상에 가려져 중생이라 착각하며 살아 왔을 뿐이지요. 그래서 화두를 통해 분별망상을 타파하면 단박에 깨쳐 부처로 돌아가는 겁니다. 대혜 스님은 한 거사에게 깨친다면 마음이 환하게 밝아짐은 물론 신하가 왕을 요순처럼 성군의 지위에 올리는 지혜와 능력을 발휘하게 된다고 강조합니다.

우리가 본래는 부처이나 '내가 있다'는 착각 속에서는 마음이 좁쌀만 하나, 그 착각에서 깨어나 부처로 돌아오면 마음이 온 우주와 하나 되어 어디에도 집착하거나 걸림 없이 자유자재하게 됩니다. 이제 나와 너, 선과 악, 생과 사, 좌와 우, 갑과 을, 부와 가난, 중생과 부처, 미망과 깨달음 등등 일체의 대립하는 양변에 집착과 분별심이 사라지고 공존과 공생, 지혜와 평화, 그리고 대자유의 세계에 눈을 뜨게 됩니다.

깨친 사람을 부처라 하고 또 영원한 대자유인이라 하지요. 화두를 타파해서 깨달음을 성취하는 것은 싯다르타가 명상하며 새벽별을 보고 깨쳐 부처가 된 것과 같습니다. 부처님은 초전법륜에서 당신이 괴로움과 쾌락의 양변을 떠나 중도를 깨달았노라고 중도대선언을 하셨듯이 화두 타파하여 분별망상을 완전히 비워 중도의 절대세계로 돌아가는 것입니다.

견성성불에 대한 오해와 정견

화두를 타파해서 중도를 깨쳤다는 것은 우리 본래 마음, 즉 자성自性을 보았다 하여 견성見性이라고도 합니다. 우리 본래 마음은 중도연기로 존재하지요. 나와 내 마음이라 할 실체가 있는 것도 아니고 없는 것도 아닙니다. 그래서 중도연기라 하고요. 이것을 불성佛性, 자성自性이라 말하기도 합니다. 화두를 타파해서 견성 성불하였다 함은 내가 실체가 없다는 것을 확연히 깨쳤다는 뜻입니다. 이것이 선종의 종지宗旨입니다.

그런데 근래에 이 견성 성불에 대하여 몇 가지 오해가 있습니다. 하나는 자성을 보아 견성한다 할 때, 그 자성을 브라만교의 초월적인 자아인 아트만(ātman)으로 오해하는 것입니다. 남방불교를 공부하신 분들이 선종의 깨달음인 견성은 아트만을 깨치는 것이라 주장하는 경우가 있습니다. 이것은 오해입니다. 선종에서 견성하는 성품은 불성, 자성을 말하니 곧 중도연기, 무아를 말합니다. 남방불교에서 말하는 사성제, 팔정도를 완성하는 것과 다르지 않습니다. 그런데 왜 이런 오해가 생겼는지 살펴보면 선문禪門에서도 반성해 볼 점이 있는 것도 사실입니다. 즉, 선문에서 견성을 '참나' 또는 '진아眞我'로 표현하는 경우가 있어요. 이것이 초월적인 자아인 '아트만'으로 오해할 수도 있습니다. 그래서 참나, 진아 이런 표현은 가능하면 쓰지 말고 중도연기, 무아, 공을 깨침이 견성이라 하는 것이 좋습니다.

또 다른 오해는 견성성불하고도 전생의 습기나 미세망념이 남아 있어 더 닦아야 한다는 주장입니다. 이것은 선종의 견성을 돈오점수로 오해한 분들의 주장인데, 견성한 뒤에 더 닦을 것이 있다고 한다면 그것은 선종의 견성, 확철대오가 아니지요. 그것은 깨달음을 돈오점수로 보는 분들의 견해지요. 그런데 한번 생각해보세요. 중도를 깨쳐 생로병사를 해탈한 부처님에게 전생의 습기니 미세망념이 남아 있을까요? 부처님은 위 없는 바른 깨달음인 아뇩다라삼먁삼보리를 깨달은 것이니 더 닦고 깨칠 것이 없는 존재입니다. 그러니 견성했는데 아직 뭐가 남아 있어 더 닦아야 하는 분이 있다면 아직 견성하지 못한 것입니다. 우리 주변에 이런 견성을 말하는 분들이 더러 보입니다. 이것은 아주 심각한 문제입니다.

성철 스님이 고불고조의 깨달음이 '오매일여'를 투과한 것이라 주장한 것도 다 이런 문제를 해결하기 위해 분명한 기준을 세운 것입니다. 실제 이 병은 뿌리가 깊습니다. 화두 참선하다 보면 뭔가 신비한 경계를 체험하는 경우가 더러 있습니다. 이때 바른 선지식을 찾아가 공부를 점검받아야 하는데, 혼자 하니 그 신비한 경계에 빠져 체험한 것을 견성이라 착각하는 경우가 있습니다. 지금 우리 주변에도 견성했다고 깨쳤다고 큰소리치는 이들이 간혹 보이는데 들어 보면 깨달음 근처도 못 간 안목들입니다. 아집에 빠져 어떻게 할 수가 없어요. 그런 착각 도인에도 따르는 이가 생기고, 인터넷에다 동영상도 만들어 올리고, 책도 만들어 돌리니 점점 더 대중이 현혹되는 경우가 많습니다. 참으로 안타까운 일입니다. 그래서 중도연기에 바른 안목을 세우고 수행하라고 하는 것입니다. 중도정견이 선 사람은 그런 착각 도인에 대하여 바른 안목으로 판별해 낼 수 있습니다.

또 이와 비슷한 오해가 '중도연기를 잘 아는 것이 깨달음'이라는 주장입니다. 부처님이 깨친 것이 중도연기, 무아인 것은 누구나 아는 사실이죠. 그런데 이 연기·무아를 이해하는 것과 깨달아 증득하는 것은 구분해야 합니다. 우리가 언어와 문자를 통해 연기·무아를 이해한 것을 깨달음이라 한다면, 내가 연기·무아를 이론적으로 잘 알게 되면 부처라는 말인데, 이 기준으로 깨달음을 본다면 우리 주변에 깨친 부처님이 엄청나게 많겠지요. 그렇다면 어째서 불교계가 이렇게 혼란스러울까요? 연기·무아를 이해해서 부처된다면 우리 종단에 부처님이 많이 나와서 혼돈과 갈등을 능히 해결해 나갈 수 있을 텐데 그렇지 못한 것을 보면 실제 그것이 깨달음이 아니라는 것을 알 수가 있습니다.

연기·무아를 언어와 문자로 잘 이해하는 수준으로

는 안 되지요. 내가 있고, 내가 이해한 연기·무아가 있다면 주관과 객관이 벌어져 있으니 주객합일인 깨달음이라 할 수 없습니다. 마음으로 깨쳐 중도삼매를 증득해야 합니다. 일체의 분별망상, 욕망과 화, 어리석음을 완전히 비워 중도연기, 무아·공과 하나가 되어 영원히 그런 삶을 살게 될 때 비로소 깨친 분이라 할 수 있어요.

만약 언어와 문자로 중도연기, 무아·공을 이해하는 것이 깨달음이라고 한다면, 불교가 인문학, 철학과 무엇이 다를까요? 불교는 언어와 문자의 상대 분별세계를 초월해서 절대세계를 깨치고 증득하는 길을 제시합니다. 불교는 이해가 아니라 깨달음의 종교이고 이것이 불교의 특징입니다.

혜능 스님도 견성을 '확철대오'라고 하였습니다. 화두 참선에서는 화두 타파가 확철대오이고 곧 견성성불입니다. 화두 타파는 말과 문자의 상대 분별세계를 해탈하여 영원한 대자유와 행복의 절대세계로 돌아가는 것입니다.

생활에서
화두 참선의 효능

33

화두 참선은 견성성불하는 깨달음이 목적입니다. 화두 일념이 자나깨나 지속되는 오매일여를 투과하여 확철대오하게 되면 더 이상 깨칠 것이 없는 영원한 대자유와 행복을 성취합니다. 하지만 이것이 쉽지 않지요? 우리가 본래부처이나 '내가 있다'는 착각과 분별 망상을 완전히 비우는 것이 참으로 어렵습니다. 그럼에도 우리가 본래부처라는 정견을 세우고 확고한 신심과 발심으로 부단히 정진해 나간다면 불가능한 것도 아닙니다. 역대 조사 선지식들이 그 길을 열어 보였고, 실제 증명하여 오늘에까지 활발하게 전승되고 있습니다.

실제 조사스님들처럼 확철대오하지 못하더라도 화두 참선을 생활화하면 일상에서 지혜와 자비심이 나와 그만큼 행복합니다. 즉, 중도정견을 세우고 밖으로 부지런히 남을 도우며 안으로 부단히 화두를 챙겨나가는 화두 참선이 생활화되면 그만큼 일상이 지혜로워지고 밝아져서 참선하는 만큼 자기와 세상에 도움이 됩니다. 그래서 우리는 견성 아니면 아무것도 아니다는 "모 아니면 도"식으로 참선을 해서는 안 됩니다. 이것도 양 극단적인 사고로 중도가 아니지요. 견성 성불을 목표로 참선해 나가되 견성은 못하더라도 정진해 나간 만큼 좋다, 이익이다는 생각으로 해야 합니다. 중도정견을 세우고 실천하면서 화두 참선을 생활화해 나가면 일상에서 여러 가지 효능이 나타납니다.

번뇌가 줄고 마음이 밝아지고 편안해진다

이제 화두를 하루 24시간 1,440분 중 단 5분이라도 정해 놓은 시간에 규칙적으로 참구해 보세요. 출퇴근 시간이나 화장실, 식당 등을 오고 가고 할 때나 잠자기 전이나 잠에서 깨어났을 때 망상하지 말고 화두를 자꾸 생각하게 되면 그만큼 잡념이 줄어 마음이 밝아집니다. 잡념이 많은 사람은 분별망상이 그만큼 많은 것이죠. '나'라는 존재가 본래 실체가 없는데 '있다'는 양변에 집착하여 살아가니 생로병사가 일어나고 쓸데없는 번뇌망상이 시도 때도 없이 치성을 부립니다. '나'라는 존재가 실체가 없는데 번뇌인들 어디에 실체가 있겠습니까? 다 흘러가는 겁니다. 단지 '있다'는 양변에 집착한 착각일 뿐입니다. 그러니 번뇌망상이 일어날 때마다 부지런히 화두를 가져다 붙이세요.

선지식 말씀 중에 파리가 화장실에도 가고 임금 머리 위에도 가니 이 세상에 못 가는 곳이 없는데, 딱 한 군데 못 가는 곳이 있답니다. 그곳이 어디겠습니까? 바로 불 위입니다. 파리가 불 위에 못 가듯이 번뇌망상도 화두 들고 있는 사람에게는 붙을 수가 없습니다. 이와 같이 화두는 대단한 것입니다. 화두는 성성惺惺

하게 즉, 또렷또렷하게 참구하면 저절로 번뇌망상이 사라져 적적寂寂이 되어 성성적적 중도삼매가 됩니다. 우리가 화두를 성성적적하게 삼매를 자꾸자꾸 체험하게 되면 그만큼 마음이 밝아지고 편안해집니다. 부처님이나 역대 조사스님들은 하루 24시간 삼매로 사셨던 분들입니다.

화두 삼매를 체험해서 이것이 생활화된 분은 마음이 밝고 편안할 뿐 아니라 얼굴도 밝아집니다. 그래서 나는 화두 공부가 잘되고 있나, 안 되고 있나를 얼굴을 보면 대체로 알 수 있다고 봅니다. 화두 공부하는 사람이 얼굴이 어두우면 뭔가 공부에 장애가 있거나 화두 삼매 체험이 잘 안 되고 있는 것으로 볼 수 있습니다. 물론 건강에 문제가 있을 수도 있겠지요. 그건 예외고요. 대체로 이 화두 공부는 수행자의 얼굴에 그 공부의 깊이가 드러난다고도 할 수 있습니다. 불교의 중도정견이 서고 그것을 생활화하면서 화두 참선하는 사람은 공부가 잘되어 얼굴이 밝아집니다.

짜증과 화, 스트레스가 줄어
건강에 도움이 된다

요새 말로 스트레스는 옛날 화병이지요? 옛날 며느리나 시어머니 등 여인들은 대부분 화병을 가지고 있었지요. 남존여비와 가부장제의 유교문화에서 여자들은 온갖 시련과 고통을 안으로 삭혀야 했습니다. 이것을 현대 의학에서는 스트레스라 하는데, 이 스트레스가 만병의 원인이라 합니다. 암이나 위장병, 우울증 등이 모두 스트레스에서 온답니다.

직장 생활하는 사람들 중에는 스트레스를 술로 푸는 사람도 많지요? 우리나라가 알코올 소비량이 세계 최고라더군요. 요즘 유행하고 있는 '힐링'이라는 흐름도 이 스트레스가 원인이겠지요. 스트레스를 술뿐만 아니라 음식이나 음악, 여행, 운동 등으로 해소하려는 것입니다. 그런데 이런 방식은 '내가 있다'는 입장에서 풀려고 하니 근본적인 해결이 되지 못하지요. 그래서 명상, 참선에 관심이 높아지고 있습니다. 요즘 신문을 보니 삼성 같은 대기업이나 구글 같은 첨단 기업에서도 명상 프로그램을 개발하여 교육하고 있다는데, 스트레스를 받으니 그 스트레스를 해소하여 평상심을 회복하는 힐링 차원에서 명상, 참선이 각광 받고 있지요.

스트레스나 짜증, 화는 모두 '나-너'라는 양변에 집착하여 일어납니다. 일이나 관계가 내 뜻대로 안되어 대립 갈등이 일어날 때 짜증, 화가 나고 스트레스를 받지요. 모두 나와 내 입장에 집착하기 때문에 일어납니다. 그래서 "짜증나고 스트레스 받는 '나'라는 실체가 없다, 연기일 뿐이다"하고 정견으로 보고 대처해야 근본적으로 해결할 수 있습니다.

그런데 이 중도정견이 소소한 문제나 깨어있을 때는 어느 정도 되는데, 급한 일이나 큰 문제에 부딪히면 잘 안되지요. 그래서 화두 참선을 해야 하는 겁니다. 화두 참선을 생활화해서 중도 삼매를 자꾸 체험하는 사람은 마음이 중도가 되어 크고 작은 문제나 역경계에서도 정견으로 대처할 힘이 나오게 됩니다. 이것도 화두 삼매의 효능입니다. 매일매일 화두를 성성하게 체험한 사람은 마음이 밝게 깨어있기 때문에 짜증이나 화가 줄어듭니다.

만약 화두 참선을 열심히 해서 생활화한 사람이 화를 자주 내거나 스트레스가 많다면 그것은 화두 공부 방법에 뭔가 문제가 있다고 봐야 합니다. 일상생활에 중도정견을 세우지 못하거나 화두 참구가 성성하지 않고 적적삼매에 빠졌거나 졸음과 망상으로 시간을 보냈을 수도 있습니다. 참선을 열심히 하는데 화나 스트레스가 많은 사람은 스스로 공부를 점검해서 정견을 세우거나 바른 선지식을 찾아가 화두 공부를 점검받아 보는 것이 좋습니다.

지혜롭고 자비로운 사람이 된다

지혜智慧는 부처님이 깨달은 중도연기中道緣起로 자기

자신과 세상을 보는 눈입니다. 중도정견中道正見이 서면 지혜가 나오지요. 사람이라면 누구나 지혜롭게 살기를 원합니다. 학교와 직장, 직업을 선택하고, 사업과 인간관계에서 바른 결정을 하고, 인간관계를 바르게 맺기 위해서도 지혜가 중요합니다. 깨달아 생로병사를 해탈하여 영원한 대자유와 행복을 누리려 해도 정견, 즉 지혜를 갖춰야 합니다.

그런데 이 지혜는 밖으로 찾아서 얻어지는 것이 아니라, 내 안에 본래 다 갖춰져 있다는 것이 선禪입니다. 단지 분별망상에 가려져 보이지 않을 뿐이지요. 불교는 이 지혜를 밝혀 가는 공부입니다. 불교를 바르게 공부해서 중도를 생활에서 실천하면 지혜가 나옵니다. "나는 평생 불교 공부를 했는데 지혜를 모르겠습니다!"하는 분이 있다면 그분은 불교 공부를 잘못한 것입니다. 바른 선지식을 만나 중도정견을 갖추고 양변에 집착하는 분별망상을 자꾸 비워 나가는 실천을 하면 지혜가 나옵니다. 이것은 과학 같은 존재 법칙, 존재 원리입니다.

불교를 바르게 공부하여 중도정견이 서면 지혜와 동시에 자비심도 나옵니다. 나의 존재원리도 실체 없이 연기, 무아로 존재한다는 것을 알게 되면, 너도 그렇고, 이 우주 만물이 모두 서로서로 의지해서 존재하는 동체同體, 불이不二의 연기적인 존재이니 하나입니다. 그래서 내가 잘되려면 남을 도와야 하는 겁니다.

우주 만물이 모두 다 연기, 무아인 것을 아는 것이 정견이고 지혜라면 너와 내가 둘이 아니라는 마음씀씀이가 자비입니다. 그래서 지혜와 자비는 본래 둘이 아니라 하나입니다. 화두 참선을 생활화하면 지혜와 자비심이 나와서 하는 일을 원만하게 풀어나갈 수 있고, 인간관계도 좋아질 수 있습니다. 지혜와 자비를 갖추게 되면 나뿐만 아니라 남도 잘 이해하게 되어 소통과 공감 능력이 높아져 인간관계가 개선됩니다.

현대 자본주의 경쟁사회는 개인주의와 이기심을 조장하고 지나친 광고를 통해 욕망을 부추깁니다. 이것은 사회의 양극화를 부추기고 대립과 갈등이 일상화되어 인간성 상실의 위기를 맞고 있습니다. 이러한 시대의 폐단을 극복하는 길은 중도정견을 세우고 지혜와 자비심을 길러 나와 남이 모두 더불어 잘 살고 행복해지는 길을 개척해 나가야 합니다. 그런 의미에서 이 시대에 화두 참선처럼 간명한 생활수행법은 점점 더 가치가 높아질 것입니다.

간화선과 위빠사나

34

위빠사나와 간화선은 성성적적 삼매

지금 전 세계적으로 위빠사나 명상붐이 일고 있지요. 위빠사나는 미얀마, 스리랑카, 태국, 인도 등 남방불교권의 주된 수행법이죠. 한국과 중국, 일본 등 북방 대승불교권의 주된 수행법인 조사선, 간화선에 비견되는 대표적인 참선법입니다. 남방의 위빠사나는 다양한 견해가 있는데 어떤 이들은 부처님 당시부터 전해온 정통 수행법이라 주장하기도 하고, 또 어떤 이들은 근대에 와서 체계화된 현대적인 수행법이라는 주장도 있습니다. 또 어떤 분들은 위빠사나가 정통이고 간화선은 중국에서 나온 것이니, 간화선은 부처님 법이 아니라고 하는 분들도 있어요.

그러나 중요한 것은 그 수행법이 얼마나 부처님 법에 부합하여 생로병사의 문제를 잘 해결하느냐? 하는 것이지, 정통이냐 아니냐 시비하는 것은 부처님의 가르침도 아니고 분별망상에 지나지 않습니다. 간화선은 간화선 나름대로 전통과 역사를 통해 정립되어 전승된 것이고, 위빠사나도 나름대로 역사에서 정립된 수행법입니다.

저는 간화선이나 위빠사나나 다 같은 부처님의 중도연기법에 근거한 수행법이라 보고 위빠사나도 인정합니다. 위빠사나도 부처님이 말씀하신 중도, 팔정도에 입각한 수행체계를 정립하고 있으니 불교 수행법입니다. 간화선도 부처님의 깨달음인 중도에 입각하고 있으니 불교 수행법입니다. 다 같은 불교 수행법이니 시비 갈등하는 것은 잘못입니다. 간혹, 자기 수행법에 집착하여 옳다고 주장하고 남의 수행법을 무시하는 것은 부처님의 가르침을 따르는 제자의 모습이 아닙니다. 서로 존중해야 합니다.

실제 북방 전통에도 위빠사나 전통이 없는 것이 아닙니다. 대승권에서 관법觀法 수행이 바로 위빠사나입니다. 사람의 해골 같은 것을 지켜보면서 깨치는 백골관白骨觀이 그런 방법입니다. 백골이나 호흡 등 자기가 마주 하는 경계를 지켜보아 무아, 무상으로 깨어 있는 선정으로 들어가 삼매를 완성하여 아라한과를 성취하는 것이죠. 위빠사나는 관법 수행을 더 체계화하고 발전시킨 수행법입니다. 위빠사나는『대념처경』같은 경전과『청정도론』등이 이론적 근거가 됩니다.

그런데 남방의 위빠사나나 북방의 간화선도 성성적적惺惺寂寂 중도삼매中道三昧를 성취하는 것은 똑같습니다. 즉, 간화선은 화두 의심을 또렷또렷 성성惺惺하게 지속하면 번뇌망념이 저절로 사라져 성성적적 삼매가 됩니다. 마찬가지로 위빠사나도 호흡에 집중한다든가 어떤 대상에 집중하여 알아차리거나 깨어 있다는 것이 바로 성성惺惺한 것이고, 그러면 동시에 번뇌망념이 사라져 적적이 되니 성성적적 삼매가 되는 것이죠. 위빠사나나 간화선은 대상이나 방법은 다르지만 중도삼매의 원리는 같아요. 불교의 성성적적이라는 선정삼매를 완성하는 것은 똑같기 때문에 저는 같은 불교 수행법이라 합니다.

불교의 중도삼매 원리를 모르고 이름이나 방법이 다르다고 간화선이 옳으니, 위빠사나가 옳으니 하는 양변에 집착하여 시비 갈등하는 것은 정견이 서지 못한 것이지요. 잘못된 공부 안목을 드러내는 것이니 부끄러운 줄 알아야 합니다. 그래서 수행에 앞서 정견을 세우는 것은 아무리 강조해도 지나치지 않습니다.

지금 미국 등 서양에서는 위빠사나 붐이 일어나고 있지요. 위빠사나를 공부하고 온 스님들이나 얼마 전 유럽과 미국 명상센터를 답사하고 온 분의 말을 들어보니 서양에서는 대부분 위빠사나 명상을 하고 있다고 그래요. 특히, 미국의 의사들이나 심리학자들이 환자의 치료에 도움이 되는 방법을 찾다가 참선 명상에 주목하고 이를 연구하여 치료와 접목시켜 현대적인 프로그램을 개발하여 상당한 성과를 보여주고 있답니다. 어떻든 불교 수행이 의학, 과학과 만나 인간의 문제에 대안을 제시하고 발전적인 방향으로 가는 것은 좋은 현상이고 인류에도 도움이 될 겁니다.

간화선과 위빠사나의 만남과 소통

저도 몇 년 전(2011년)에 3일 동안 공주 한국문화연수원에서 '간화선과 위빠사나 국제연찬회'에 참여한 적이 있습니다. 미얀마 위빠사나 수행자인 파욱 스님과 간화선 입장에선 제가 나가 대화했지요. 그때도 말했지만 간화선과 위빠사나는 깨달음을 향한 같은 불교 수행법이고 성성적적 삼매원리도 같아요. 다만, 빨리 가고 늦게 가는 차이는 있지요. 간화선은 본래부처 입장에서 곧장 질러간다면, 위빠사나는 좀 둘러가는 길이죠.

왜냐하면 조사선, 간화선은 부처님의 깨달음 입장에서 수행을 봅니다. 중생이란 본래는 부처인데 착각에 빠져 중생이란 분별망상에 집착하고 있으니 그 착각을 몰록 깨쳐 부처로 돌아가는 입장이죠. 본래부처가 부처되는 것이니 단박 깨치는 돈오頓悟고 단박에 닦는 돈수頓修이니 빠른 것입니다. 이것을 바로 가리키는 직지直指라고도 하고, 찰나에 여래의 경지에 이른다 하여 일초직입여래지一超直入如來地, 본래부처이니 들어가고 나가는 깨달음의 문이 없다 하여 대도무문大道無門 등 다양하게 표현합니다. 이처럼 조사선, 간화선은 곧장 질러가는 수행법이라 할 수 있습니다.

위빠사나는 중생이라는 입장에서 번뇌망상을 점점

비워서 『금강경』에 나오는 것처럼 수다원-사다함-아나한-아라한과를 단계별로 성취하는 수행체계입니다. 점수돈오漸修頓悟라 할 수 있지요. 일반적으로 교학에서도 우리가 중생이니 열심히 수행해서 깨달음을 성취하여 부처가 된다는 것처럼, 위빠사나도 중생에서 출발해서 깨치면 아라한이 된다고 말합니다. 깨달으면 부처가 되어야지 왜 아라한이냐고 물으니 부처님은 교조敎祖이니 유일한 분이고 부처님 가르침으로 깨치면 그 제자인 아라한이 되는 것이라더군요. 아라한은 우리나라 절에 가면 나한전, 응진전에 모셔져 있는 그 나한을 말하는 것이죠. 이런 점이 남방과 북방 불교 전통이 좀 다른 면입니다.

또 남방의 위빠사나에서는 중생이 깨쳐 아라한이 되는 기간을 삼아승지겁三阿僧祇劫이라 하여 헤아릴 수 없이 많은 생을 세 번이나 반복해서 깨달아야 한다고 말하지요. 이점도 간화선의 본래부처, 돈오와는 입장 차이가 있지요. 이런 차이에도 불구하고 위빠사나와 간화선은 부처님의 깨달음에 근거하니 같은 불교 수행법입니다. 다른 면에만 집착하여 서로 차별하고 부정하면 그것은 양변에 집착하는 것이니 정견이 아니지요. 단지, 중생의 입장에서 점차로 닦아 가느냐, 본래부처 입장에서 보느냐, 그런 차이입니다.

저는 간화선과 위빠사나를 이렇게 비유합니다. 만

약 우리가 설악산 정상을 올라간다면 가장 빨리 정상에 도달하는 코스가 있고, 좀 시간이 걸리지만 평탄한 코스가 있습니다. 가장 빠르게 정상으로 가지만 힘이 드는 길이 간화선이라 한다면, 위빠사나는 좀 느리지만 힘이 덜 드는 길을 가는 것이라 비유할 수 있습니다. 설악산 정상에 이르는 것은 똑같습니다. 어느 길이 옳고 그른 것은 없습니다. 자기 체력과 여건에 맞춰 가면 됩니다. 다 같이 설악산, 깨달음에 이르는 길입니다. 다툴 이유가 없지요.

공주에서 국제연찬회가 열린 당시에 일간 신문 기자들이 공주까지 와서 마지막 날 파욱 스님과 같이 인터뷰를 하게 되었어요. 그때 어느 신문 기자가 제게 물었어요. 만약 스님 제자가 위빠사나 공부를 하고 싶다면 어떻게 하실 건가요? 하길래 저는 "아, 좋다. 다 같은 불교 수행이니 열심히 하라고 할 것이다"라 답했지요. 그런데, 파욱 스님한테도 제자가 간화선을 한다면 어떻게 하겠느냐고 물었더니 파욱 스님은 "나에겐 그런 제자가 없다"고 답하더군요.

간화선의 가치

간화선과 위빠사나는 같은 불교 수행법인 점에서는 평등한데, 다만, 간화선은 본래부처, 직지, 돈오라는 특색이 있습니다. 간화선은 우리가 본래부처이고 절대적이고 무한한 지혜와 복덕을 본래 다 갖추고 있으니 단박에 깨치는 돈오, 직지의 길을 제시하고 있습니다. 저는 앞으로 세계 여러 나라에서 간화선의 가치를 재발견하면서 간화선이 주목 받게 될 것이라고 봅니다. 다만, 문제는 간화선 수행자들이 중도정견에 대한 이해가 부족하고, 언행일치하는 수행자의 모델이 많지 않아요. 이것이 문제입니다. 다행히 수좌회 스님들과 봉암사가 문경 봉암사 앞에 세계명상마을을 세우고 간화선프로그램도 개발하고 지도자도 양성하여 간화선을 대중화, 세계화하겠다고 나섰으니 아주 좋은 일이고 기대를 해봐야 하겠습니다.

인류 문명의 대안,
중도와 선

35

인류 문명의 대안, 중도와 선禪

지금 인류 문명은 과학 기술이 발달하고 물질은 풍요로워졌으나 다른 한편으로는 빈부 양극화, 지구촌 생태계 파괴, 사회 갈등 등 문제가 심각합니다. 이를 해결해야 할 인류 사회는 나-너, 좌-우, 남-북, 인종, 종교의 분열과 대립으로 갈등이 깊어가고 있습니다.

부처님의 가르침인 불교는 당시에나 지금이나 현실 문제에 지혜를 줍니다. 부처님 당시에 인도는 계급사회였으나 부처님은 계급을 부정하고 평등한 대안 공동체인 승가를 만들어 인류의 가장 숭고한 가치를 전승하여 오늘까지 이어 왔습니다. 부처님은 인간의 근본 문제인 생로병사를 해탈하는 길을 중도에서 찾았을 뿐만 아니라 사회의 모순에 대해서도 대안을 제시하고 실천한 사회운동가이기도 합니다.

인류의 문명사적인 위기를 맞고 있는 이 시대에도 불교는 바로 그런 역할을 할 수 있습니다. 부처님이 깨달은 중도는 우주 만물의 존재원리로 누구에게나 보편되어 있습니다. 종교와 국가를 초월하여 누구나 중도연기의 세계관과 가치관으로 보면 지혜가 나와 개인의 일상생활이든 사회 문제도 원만하게 풀어나갈 수 있습니다.

지금 서양의 엘리트들이 불교와 참선에 주목하는

이유도 여기에 있다고 봅니다. 불교는 그만큼 위대한 사상이고 인류의 문제를 해결해 나갈 대안의 지혜가 있습니다. 문제는 지금 한국불교도 그렇지만, 세계불교계가 중도와 선禪에 대한 가치를 너무 모르고 있다는 데 있습니다. 남방불교에서는 무아·사성제·팔정도의 위빠사나-사마타 수행체계를 강조하고, 티베트불교는 중관·유식·공 중심의 수행체계입니다. 남방불교의 불교관과 수행은 이론과 실천 수행을 잘 연결하여 세밀하고 자상한 수행체계를 만든 것은 큰 장점이나 중도에 대한 이해가 부족하여 본래부처와 직지, 돈오, 일초직입여래지一超直入如來地가 아니라, 중생에서 아라한으로 가는 단계적이고 점진적인 수행을 강조합니다. 티베트불교 역시 불교 삼장三藏을 중심으로 교학을 체계적으로 공부하여 수행으로 체험하고 보살행을 하도록 하고 있으나, 역시 중도와 본래성불 같은 깊은 안목의 불교는 아닙니다. 달라이라마의 법문을 보면 대체로 선한 행을 강조하는 인과因果 법문입니다. 중생이 착한 업을 쌓아서 끝없이 보살행을 하는 것이 훌륭하지만, 이것은 '손가락 법'이고 방편이지 '달 법'은 아닙니다.

그럼에도 불구하고 달라이라마 스님과 틱낫한 스님 같은 분들은 말 그대로 실천을 합니다. 언행일치, 말하는 그대로 행하는 모습이 세상 사람들에게 깊은 감동을 주고 있지요.

한국 선의 가치와 과제

남방불교와 티베트불교가 '손가락 불교'를 한다면 한
국불교는 '달 불교'입니다. 이것은 조사선, 간화선이
들어와 뿌리내리고 있기 때문이죠. 우리 선방에서 안
거 몇 번 지낸 선승이라면 누구나 생사生死가 둘이 아
니라는 말을 할 정도는 됩니다. 그런데 우리의 문제
는 불교를 본래부처와 같이 깊이 보고 있으나, 이것을
생활에서 실천하는 언행일치가 안 되고 있습니다. 수
행과 생활이 일치되지 못하고 말 따로 행동 따로 가고
있지요. 이것이 바로 한국불교의 병폐입니다.

불법에 대한 안목도 깊고 여름, 겨울 안거 때마다
열심히 정진하나 막상 법문이나 사회인들과 만나 대
화하는 내용은 불교적 가치가 빈약하고, 말과 행동이
일치되지 못한 모습을 보여주니 신뢰도 약하고 감동
도 주기 어렵습니다. 이것은 한국불자들이 근본적으
로 불교의 핵심인 중도의 가치관, 세계관이 바르게 정
립되어 있지 못하기 때문입니다.

부처님이 깨친 것도 중도이고, 혜능 스님이나 마조,
임제, 대혜 스님 그리고 우리나라 의상 대사나 태고
스님 같은 분들도 모두 중도를 깨치고 법문하신 분들

입니다. 이렇듯 우리는 부처님부터 많은 선지식이라
는 스승이 있음에도 그 중도의 가치를 이해하고 현실
에서 실천하려는 노력은 많이 부족해 보입니다.

　이런 문제의식으로 성철 스님이나 청담 스님, 향곡
스님, 월산 스님, 자운 스님, 혜암 스님 같은 분들이
봉암사 결사를 하고 해인총림도 만들었습니다. 또 성
철 스님은『백일법문百日法門』으로 불교의 핵심이 중
도라는 것을 정리해 놓았습니다. 만약 우리 한국불교
가 중도를 공부하여 정견을 세우고 이를 체험하고 실
천하는 선禪으로 수행체계를 정립하여 대중에게 안내
해 나간다면 이 시대 인류에게 매우 유용한 지혜와 대
안을 제시할 수 있을 것이라 확신합니다.

영원한 행복의 길에 나서길

지금까지 불교란 부처님의 가르침이고, 부처란 깨친
분인데 우리도 중도를 깨치면 누구나 영원한 대자유
와 행복의 길로 갈 수 있다는 말씀을 드렸습니다.

　마지막으로 하나 말씀드릴 것은 중도를 체험하고
실천하는 선禪은 또 다른 특색이 있습니다. 중도정견
의 선은 우리가 본래부처이고, 현실 이대로 극락이라
는 입장입니다. 선은 우주만물이 중도로 존재하니 일
체가 본래 완성되어 있고, 깨달아 있다고 봅니다. 그

래서 중생이니 부처니, 깨달음이니 망상이니 하는 것
은 다 착각일 뿐이고 우리는 본래부처고 지혜와 복덕
이 완전한 존재라는 것입니다.

선의 본래부처 자리에서 보면, 이제까지 중도와 선
을 말하며 부처니 중생이니 깨달음에 대해서 이런저
런 말을 해온 것은 모두 양변에 떨어진 거짓말이고 허
물일 뿐입니다. 그러니 나 역시 지금까지 중도와 선을
알고 강조하기 위해 양변을 갈라놓고 말한 허물이 큽
니다.

부처님도『금강경』에서 이렇게 말씀하십니다.

"여래가 설한 바 법이 있다고 한다면, 그것은 비방하는
것이다. 여래가 설한 바 법은 없다."
"여래가 일체 중생을 깨치게 하더라도 한 중생도 깨치
게 한 바가 없다"

우리 중생이라 하는 존재도 일체 만물도 하나도 부
족함이 없는 본래부처라는 것입니다. 아무리 중생이
라 착각할지라도 그것은 사실이 아니고 단지 착각에
빠져있을 뿐 부처라는 사실은 변함이 없는 것입니다.
그러니 부처님한테 부처되어라, 깨달아라, 비워라, 놓
아라, 수행하라는 말은 사실 모두 거짓말입니다. 성철
스님의 임종게에도 이런 선의 가치가 그대로 드러나

있어요.

"수많은 남녀의 무리를 속여서… 그 죄가 무간지옥에
떨어지는데… 붉은 수레바퀴가 푸른 산에 걸렸다."

이 게송을 잘못 이해하면 '생불生佛'이라는 성철 스
님도 스스로 지옥 간다고 했으니 불교 믿어도 소용없
다'고 크게 오해하는데 이것은 중도를 몰라서 그렇습
니다. 여기서 성철 스님이 '스스로 남을 속였다' 함은
본래부처님한테 "삼천배하라, 참선하라"한 말이 다 속
인 것이고 허물이라는 것을 알려주는 법문입니다. 성
철 스님이 종정에 추대되자 한 기자가 해인사로 찾아
와 인터뷰하자고 마이크를 대니까, 딱 한 마디 하셨지
요.
"내 말에 속지 마시오."
이런 말이 양변에서 들으면 이해할 수 없는데, 중도
의 가치관으로 보면 우리가 본래부처이니 중생이란
거짓말이고 착각이니 무슨 수행해라, 절하라, 참선하
라는 말이 다 속이는 방편으로 하는 말입니다. 선사들
은 중생이 본래부처, 현실 이대로 극락이라는 본분사
에서 말하는 것입니다.
지금 시대는 인공지능이 나올 정도로 인류 문명이
최고로 발달한 때이고 민주주의 제도가 가장 발전한

시절입니다. 하지만 한국 사회도 그렇고 지구촌 전반으로 인간의 불평등과 대립 갈등 그리고 인간의 욕망이 초래한 자연 파괴와 재해가 빈발하여 인류의 미래가 밝지만 않습니다.

이러한 시대에 부처님이 깨치고 알려주신 중도, 우리가 본래부처이고 현실 이대로 극락이라는 선은 우리에게 무한한 지혜와 평화의 길을 제시하고 있습니다. 차별과 멸시, 심지어 살상이 만연하는 이 지구촌에 우주 만물이 하나이고 모두가 부처 아님이 없으니 절대 평등하며 고유의 가치를 지닌 고귀한 존재라는 가르침과 그것을 단박에 체험하고 실천하는 선은 매우 유용한 대안이자 무한한 지혜를 줍니다.

이제 우리는 내가 중생이고 어리석고 부족하다는 착각에서 깨어나 본래부처로 돌아가야 합니다. 괴로움과 짜증, 화는 내가 중생이라는 분별망상에서 일어나는 것이니 단박에 깨어나 본래 자성을 회복하여 지혜와 평화를 누려야 합니다.

자기를 바로 보면 자기가 우주 만물과 하나임을 깨달아 절대적이고 무한한 지혜와 복덕이 본래 다 완성되어 있는 존재라는 것을 알아 생로병사의 괴로움을 떠나 영원한 대자유와 행복을 누릴 수 있습니다.

부디 영원한 행복과 대자유의 길에 용기를 내어 보십시오. 그동안 제가 지은 구업이 너무나 큽니다. 우

리는 본래부처인데, 속히 중생이라는 착각을 깨어나
본래 자리로 돌아가 영원한 대자유와 행복을 누리시
길 바랄 뿐입니다.

부록
—
인터뷰

태백산 선지식
고우 스님이 들려준 선 이야기

"무한경쟁이 아닌
무한향상합시다"

스님 출가 인연이 어떠신지요.

—

"뭐 옛날이야기 그런 거 들어서 뭐해요. 나 개인 이 야기는 뭐 특별한 거 없어요. 공부 얘기나 합시다. 난 장좌불와나 용맹정진 그런 치열한 공부 경험도 별로 없어요. 내세울 게 없는 아주 평범한 중입니다. 청암 사 수도암으로 출가했습니다. 조상들은 경북 성주에 서 오래 사셨지만, 제 조부 대에 성주에 인접한 고령 으로 이사하시어 거기에서 태어났죠. 1961년 25살에 폐병이 들어 절에 요양하러 왔다 출가하게 되었습니 다. 남들처럼 발심 출가가 아니죠. 되도록 산속 깊이 있는 절을 찾다 보니, 청암사 위 수도암으로 출가하였 어요. 출가 당시 수도암에는 제 은사가 되는 법희 스 님이 주지로 계셨습니다."

강원에서 어떤 공부를 하셨죠?

—

"용주사에서 관응 스님으로부터 『기신론』을 배웠고, 청암사에서 고봉 스님에게 『금강경』을 수학하고 상주 남장사에서 혼해 스님으로부터 다시 『금강경』과 『원 각경』을 배운 후 선원으로 참선하러 갔습니다."

사교를 마치고 곧바로 선원으로 가셨다는데 첫 안

거를 어디서 나셨는지요? '화두'는 누구에게 무엇을 받으셨는지, 같이 정진한 도반이나 당시 안거 분위기도 궁금합니다.

—

"『금강경』을 공부하고 나서 참선을 해야겠다고 생각했어요. 제 나이 스물아홉 살이었습니다. 그래서 월래 묘관음사 선방으로 갔습니다. 관음사에는 향곡 스님이 조실로 계셨죠. 수좌로는 활안 스님, 기성 스님이 같이 정진했어요. 활안 스님은 그 전에 수도암에 기도하러 오셨을 때 알고 있어 무척 반가워하셨고 잘 해주셨습니다. 당시만 해도 선방은 보살님들하고 같이 앉았어요. 어간에는 스님들이 앉았죠. 화두는 향곡 스님에게 '마음도 아니고, 부처도 아니고, 한 물건도 아닌 이것이 뭣꼬?'라는 화두를 받았습니다."

봉암사를 결사도량으로 만들기

1968~9년 봉암사에 가시어 선원을 재건하여 오늘의 봉암사 종립특별선원의 기틀을 마련하신 것으로 듣고 있습니다. 그 봉암사에 선원을 재건하신 이야기를 좀 들려주세요.

—

"문경 김용사 선원에서 열 명의 대중들이 부처님 당시와 같이 승가공동체를 만들어 보자는 결사 취지로 봉암사로 가게 되었어요. 원융살림을 하고 사중의 대소사를 서로 의논해서 결정하는 결사 도량을 만들기로 한 거예요. 지금은 백련암의 법련 스님과 선원장하는 정광 스님이 남아 계시네요. 교육원장 무비 스님도 왔다 갔다 했죠. 첫 주지를 지금은 범어사 조실하시는 지유 스님이 맡으셨습니다. 물론 실제 일은 제가 많이 했어요. 총무를 봤으니까요. 처음 들어갔을 때는 대중방도 없어서 각방에서 각각 정진했어요. 마흔 살 되는 해 범어사에서 한 철 살고 오니까 저에게 주지를 하라 해서 안 한다고 도망갔더니 대중들이 서류를 꾸며서 총무원의 임명장까지 끊어 놓았어요(그때 주지 품신 서류를 갖추려고 어느 스님이 수행 이력을 대충 만들어 올린 것이 지금의 엉터리 승적부가 되었다고 하심.) 하는 수 없이 주지를 맡게 되었죠.

주지 소임을 맡고는 대중이 한데 모여 정진할 선원을 지을 궁리를 했습니다. 봉암사는 신도도 별로 없는 도량이라 불사할 형편이 안 되는데 하루는 쌍용그룹의 김석원 회장이 들러서 하룻밤 묵고 갔어요. 그 이튿날 뭘 도와줄 것이 없나 해서 선방이 필요하다고 했더니 그래 김 회장이 선방을 짓는데 얼마면 되냐고 하길래 제가 세상 물정을 몰라서 한 천만 원이면 되지 않겠냐고 그랬죠. 그 후에 천만 원을 보내왔어요. 그 돈으로 당시 봉암사에 가장 필요했던 선원을 52평으로 넙죽하게 지었어요. 그랬더니 다른 스님들이 불사한 것을 보고는 저런 건물을 어떻게 천만 원에 지을 수 있느냐고 2~3천만 원은 들어야 한다고들 하데요. 이렇게 선원을 신축하고 한데 모여 정진하게 되니 비로소 법도도 서고 정진 분위기가 갖춰졌습니다."

서암 스님의 가풍에 대해서도 스님께 듣고 정리하여 사료로 남기고 싶습니다.

—

"서암 스님은 언행일치言行一致하신 분입니다. 현대 교육을 받아 현대 감각이 있으셨고, 생활 법문을 하시는 분이었습니다. 쉽게 법문을 들려주셨죠, 유머 감각도 있으셔 아주 재미있었어요. 아주 자상하시고 누구에게 존댓말을 하셨어요. 심지어 저인데도 하대를 안 하셨어요. 『서장』을 많이 보라고 가르치셨습니다. 서암 스님은 밥하고 반찬을 그렇게 잘하셨어요. 어려서 일본에 유학하시고 혼자 자취를 많이 해보셔서 그런지 밥을 잘하셨어요. 그땐 불 때서 밥을 지을 때니까 밥을 잘못하면 먹질 못했어요. 제가 밥한다고 불 때면 저리 가라 하고 손수 밥을 하셨어요. 당신이 전문가라고…. 서암 스님은 생활을 통해서 불교를 가르치셨어

요. 농사짓고 밥하고 바느질하면서도 공부를 하라고
가르치셨죠. 생활을 통해서 온몸으로 가르치신 거죠.
요즘은 그런 가풍은 사라져 버린 것 같아요."

각화사 동암에서 경계를 체험하다

각화사 동암에서 혼자 있을 때,『육조단경』을 무심
히 펼치다가「정혜불이품定慧不二品」을 보고 어떤 경
계를 체험을 하셨다고 들었습니다.

─

"동암에서 혼자 공부할 때였죠.『육조단경』「정혜불
이품」에 '정혜가 하나가 되더라도 비도非道다. 하나가
되어 통류해야 한다'라는 대목을 보다가 이해도 아니
고 체험도 아닌 어떤 느낌이 왔어요. '백척간두진일보
百尺竿頭進一步'란 말이 이해가 되었습니다. 안목이 열
렸다고나 할까요. 모든 존재 원리가 이해되었습니다.
이건 화두 타파하고는 다른 것입니다. 당시에는 '회광
반조' 공부를 하고 있었습니다. 선종 초기 수행법이
죠.『서장』의 3분지 1 정도는 회광반조에 대하여 이야
기하고 있습니다. 이 경험 이후에 서암으로 내려와 조
사어록과 교리 서적 수십여 권을 구해와 살펴보았습
니다. 그렇더니 부처님 말씀인 경전이나 초기불교, 대

승불교, 선종이 모두 한 말씀이고 서로 모순되지 않는다는 것을 확인하였습니다. 부처님께서 깨치신 것이 '중도연기中道緣起'이고, 지금까지의 모든 불교사상들이 중도연기를 중심으로 교리를 풀고 있음을 확인했습니다. 저도 중도연기로 모든 불교 교학체계를 회통했다고나 할까요. 그리고 진정한 체험을 하기 위해 다시 화두를 들었습니다. 깨침은 자기가 잘 압니다. 경계에 끄달리지 않아야 됩니다. 조주 선사는 120세까지 사셨는데 사람들이 어떻게 오래 사셨느냐고 물으면, 스님은 '너희들은 시간에 지배받아 살았지만, 나는 시간을 지배하면서 살았다. 그래서 나는 매일매일 좋은 날이었다'고 말씀하셨어요. 마조 스님이 어떤 것이 불법이냐고 물으면 한 대 때렸던 것은 바로 깨치라는 겁니다. 그렇듯이 선종禪宗은 체험을 강조합니다. 선종은 진망眞妄과 범성凡聖을 나누지 않습니다. 본래 성불本來成佛이고 사실의 세계를 말하는 겁니다."

불교란 무엇입니까?
—

"저는 그렇게 물으면 '양반이 왜 쌍놈이 되려고 노력합니까?'라고 되묻습니다. 본래 우리는 부처입니다. 부처님께선 깨치고 보니 유정有情·유정無情, 형상이 있거나 없거나 모든 존재가 연기로 존재하고 연기를 보는 사람은 법을 보고 법을 보는 사람은 여래를 본다 했습니다. '불교란 무엇이냐'고 묻는 것은 흡사 청와대에 앉아서 '서울이 어디냐'고 묻는 것과 같은 겁니다. 그래서 옛 조사스님들께서 누가 와서 뭐라 물으면 두들겨 패고, 할, 방을 날리는 겁니다. 착각에서 깨어나라. 너 자신을 바로 보라는 것이죠. 결론적으로 선종에서는 '본래성불'입니다. 모든 중생은 본래 부처입니다. 중생과 부처가 따로 없습니다. 망妄이다 진眞이다, 부처다 중생이다 나누면 선禪도 아니고 불교佛敎도 아닙니다. 본래 부처임을 깨치기 위해 화두 공부와 선문답을 하는 겁니다."

부처님께서 '연기緣起'를 깨달아 부처가 되었다고 합니다. '연기'가 불교의 핵심 사상이라 하는데 '연기'에 대하여 알기 쉽게 설명해 주십시오.

—

"부처님께서 깨달은 것이 연기의 법칙입니다. 부처님께서 연기를 깨치시고 자주 말씀하시어 연기는 부처님이 처음으로 만든 것이라 생각할 수 있지만, 연기란 결코 부처님께서 만든 것이 아닙니다. 부처님이 세상에 나시기 전에도 연기법은 있었고 부처님이 나신 뒤에도 그대로입니다. 그래서 부처님께선 연기법이란 내가 만든 법이 아니라 본래 있는 법이라 하셨죠.

연기도 후대에 와서 부파불교가 활발히 연구하면서 여러 가지 해석이 나오게 됩니다. 업감연기業感緣起와 삼세양중인과설三世兩重因果說이 여기에서 나왔죠. 그래서 연기를 '있다, 없다'로 해석하게 되는 거죠. 이때 용수 보살이 나와서 『중론』을 지어 부처님의 중도연기를 복귀시켰습니다. 대승의 핵심이 '중도연기'입니다. 『금강경』, 『반야심경』의 핵심이 중도연기, 즉 공空입니다. 가령 '집'이란 것도 실상 집이란 실체가 없습니다. 목재와 벽돌 등 건축자재 하나하나의 조합으로 구성된 것입니다. 다 뜯어놓고 보면 모든 것의 조합이지 집이란 독립된 실체가 없는 거죠.

선종은 부처님의 근본 가르침인 중도연기를 가장 정확히 계승한 종파입니다. 부처님께서 깨친 법은 곧 연기고 여래입니다. 보편적 진리이고, 사실이고 현실입니다. 이에 위배되는 것은 허구이고, 허상입니다. 허구와 허상을 철저히 깨는 것이 선종입니다. 그래서 할, 몽둥이 세례가 다반사인거죠. 임제 선사의 활발발한 선풍이 여기에서 유래합니다. 연기는 진리에 바탕한 필연입니다. 어떤 목적에 의거한 이해가 아니라 존재 자체가 연기입니다. 연기는 삶의 목적이고 목적된 삶입니다."

상대적인 것을 떠난 절대적인 것

불교가 현세에 어떤 이익을 줄 수 있는지요?

—

"과거, 현재, 미래도 초월하는 것이 부처님 법인데요. 중도연기로 세상을 살면 매일매일이 좋은 날입니다. 부처님께서는 경계에 끄달리지 않고 현실을 있는 그대로 보고 적응하는 소극적인 면이 있는가 하면, 그러면서도 때로는 잘못된 관습과 제도를 철저히 타파하는 적극적인 면이 있었습니다. 사성 계급을 없애시고 평등을 실천하였고, 전쟁을 막기 위해 몸소 세 번이나 행동하셨죠. 잘못된 거에 대해선 철저한 개혁자였습니다. 요즘 말하는 편가르기식의 물리적인 개혁이 아니라 평화적인 연민의 생각으로 개혁한 것이죠. 다 함께 더불어 잘사는 좋은 방향으로 바꿔 나가려 한 것이죠. 증오와 미움의 대상이 아니라 누구에게나 좋은 개혁을 실천하신 거죠. 철저히 공동체에 이익을 주는 방향으로 개혁하셨다는 것을 알아야 합니다."

불교를 흔히 인과법이라 하는데 '인과因果'란 무엇입니까?

—

"인因과 연緣이 합合해서 과果가 되는 거죠. 흔히 선

인선因 선과善果, 악인惡因 악과惡果하지요. 인과 연이다 연기입니다. 연기로 보면 실체가 없어서 선인 선과, 악인 악과도 초월해 있습니다. 즉 부처님 법, 곧 중도연기로 보면 선과 악을 초월한 절대선이 지속될 수 있습니다. 실체가 없다는 눈으로 보면 절대선의 세계이죠. 이것이 생활이 되면 인과를 초월해서 매일매일 좋은 날이 됩니다. 요즘 우리 사회가 이혼이 증가하고 계층 간의 갈등도 극심해지고 있는데 이것도 연기를 이해한다면 달라질 겁니다. 또 세계 모든 국가의 전비戰費를 합하면 굶어 죽는 사람들을 모두 살리고도 남을 것입니다. 이런 것도 가치관이 잘못되었기 때문에 벌어지는 일들입니다. 내 안에서 그런 상대적인 것을 떠난 절대적인 선, 아름다움을 찾아야 합니다."

교단敎團이란 무엇인가요? 오늘날 많은 불자와 국민들이 우리 종단의 갈등을 보고 종단과 스님들에 실망하는데 여기에 대하여 어떻게 설명해 주어야 하나요?

—

"절대 선을 추구하는 것이 개인의 삶뿐만 아니라 가정과 사회 차원으로 확산되고 실천되어야 합니다. 승단이 그런 이념으로 모여 사는 곳입니다. '나'를 없애고 '무쟁無諍'의 삶을 사는 곳입니다. 이 지구상에 이처럼 고매한 이상과 장구한 역사를 가진 공동체는 승가공동체 말고는 없습니다. 그런 의미에서 승가는 인류 세계의 보배입니다. 참으로 소중한 것이죠. 본래 부처님께서 뜻하신 교단의 이상은 그런 것이었죠. 저는 이런 공동체 정신과 모델이 국가 경영이나 기업 경영의 모델로도 손색이 없다고 생각합니다. 불교의 승가공동체 정신을 잘 연구해서 이를 사회와 세계에 확산시켜 나가면 대립, 갈등, 투쟁, 전쟁이 없어지리라 생각합니다. 그런데 정작 한국의 승가공동체인 우리 종단은 지금 여러 가지 문제를 안고 있습니다. 그것은 불교를 모르기 때문입니다. 가치관이 잘못된 것이죠. 밖에서 모든 것을 찾고 있습니다. 몸은 승단 안에 있어도 마음은 세속의 가치를 추구하고 있습니다. 이해관계 중심으로 사고하고 행동하니 갈등이 끊이질 않습니다. 기득권을 유지하려는 측과 그것을 확보하려는 측이 갈리게 되고 서로 다투게 되는 거죠. 이것은 불교의 가치관, 즉 중도연기를 모르기 때문입니다. 이것은 불교가 아니죠. 그래서 우리 종단이 부끄럽게 된 거죠. 그런데 이것을 자꾸 가리고 없는 것처럼 해서도 안 됩니다. 그러면 문제 해결이 요원해지잖아요. 문제의 치부를 드러내야 합니다. 그럴 때 문제의식이 싹트고 이를 해결하기 위한 건강한 흐름도 나타날 것입니다. 제가 생각으로는 우리 스님들부터 일대 가치관

전환 운동이 있어야 합니다. '밖으로 추구하는 것은 불교가 아니다. 권력·물질·명예를 추구하는 것은 경계에 끄달리는 것이다. 가치관을 바꾸자. 내 안에서 찾자. 부처님 법, 중도연기를 바로 알면 매일매일 좋은 날이고, 그 자리가 영원한 자유고 즐겁고 절대선이다.' 이런 확고한 인식이 필요합니다. 세속의 가치는 불교가 아니라는 것을 분명히 알려줘야 합니다. 그런 의미에서 교육이 매우 중요합니다.

그다음에 우리 승단이 변화하려면 우선 선거를 없애야 하고, 돈 선거가 없어져야 합니다. 지금과 같은 선거, 특히 돈으로 하는 선거는 정말 잘못된 겁니다. 승단 안에 본분납자들의 모임인 선원수좌회가 바른 가치관과 수행으로서 승단의 변화에 기여해야 하는데 어쩔지 모르겠습니다. 수좌회가 승가공동체 정신을 복원하는 데 모범도 보이고 모델이 되어야 합니다. 또 제방에서 좋은 생각을 가지고 잘 사는 사람도 늘어나고 있습니다. 그런 흐름이 대세가 된다면 종단도 좋아질 겁니다."

출가란 무엇인가요? 출·재가의 바람직한 관계에 대한 스님의 의견이 궁금합니다.

—

"개인적인 입장에서 보면 출가와 재가 관계가 너무

높낮이가 있는 것처럼 느껴지는데 사실은 안으로 가치를 추구하는 입장에서 보면 그건 아니죠.『금강경』에 갠지스강의 모래만큼이나 많은 보배로 보시하더라도 부처님의 연기를 이해하고 내면을 전환하여 매일매일 좋은 날로 만들고 행하는 것만 못하다고 했습니다. 또 그것을 알고 남에게 알려주는 것이 복이 더 많고 더 훌륭하다고 했습니다. 그래서 승가의 개인 잘못 등이나 그런 것을 보지 말고 부처님이 말씀하신 공동체 정신, 승가 정신을 불·법·승 삼보로 보아야 합니다. 그러면 문제될 게 없습니다. 시간과 공간을 초월하여 매일매일 좋은 날로 살면 그 안에 무슨 상대 개념이 있겠습니까? 승가다, 재가다 이런 분별이 있겠습니까? 그렇게 대하면 되는 겁니다. 그래서 승가를 개인 차원이 아니라 공동체 정신 즉, 법의 실현자로 보라는 것입니다.

재가 입장에서도 내면의 가치를 추구하는 공동체가 갠지스 강의 모래알 수의 보배보다도 더 가치 있는 것으로 보는 시각을 가져야 하고 스스로 그것을 추구해야 하지 않겠습니까? 그러니까 재가자도 내면의 가치를 추구하는 공동체에 귀의해야 하는 거죠. 승가공동체가 그런 가치와 이념으로 존재하는데 그것을 삼보로 보고 귀의하자는 거죠. 그런데 재가자가 그것을 높이 보지 않으면 발보리심發菩提心을 내겠습니까? 자기 수행을 위해서도 필요한 거죠. 그래서 부처님께서도 삼보三寶라고 한 겁니다. 공동체가 삼보입니다. '보물 보寶' 자를 붙였어요. 그만큼 보배로운 겁니다. 그 가치를 알면 그만큼 수행에도 도움이 되고 수행에 도움이 된다는 것은 그만큼 행복해질 수 있는 가능성이 많아진다는 의미입니다."

인욕은 나를 보호하기 위해 하는 것

불교의 바람직한 직업관이 있는지요? 오늘날 현대인의 대부분은 직장에서 시간을 보내고 있습니다. 직장 생활에는 상하 관계가 있고, 여러 관계 속에서 크고 작은 상처를 주고받아 어려움에 직면하는 경우가 많습니다. 이럴 때 직장 생활을 잘하는 방법을 가르쳐 주십시오.

—

"연기를 이해하게 되면 자기 하는 일에 대해서 가치와 의미를 발견합니다. 요즘 직장인 다섯 명 가운데 네 명은 자기 직장에 불만을 갖고 할 수 없이 다닌다는 통계가 나왔더군요. 그러니까 직장인의 80%가 먹고 살기 위해 하는 수 없이 다닌다고 한다면 이건 참 불행한 삶이잖아요. 저는 그것을 보고 아! 직장인들이 일하면서 참으로 많은 스트레스를 받고 사는구나, 참 안타까운 생각이 들었습니다. 우리나라가 세계에서 양주가 가장 많이 팔린다는데 그게 다 이유가 있었구나, 그렇게 스트레스를 받으니까 폭탄주를 만들어 마시고 그러는구나, 그런 생각이 들었습니다. 그러니까 밖으로 모든 가치를 추구하면 '월급이 적다', '승진이 안 된다' 등 여러 가지 밖의 조건을 가치 기준으로 삼는 것이죠, 그런데 내면으로 가치를 추구하는 사람이라면 하는 일이 얼마나 의미가 있고, 가치가 있는지를 깨달을 겁니다. 부처님께서도 당시에 똥 푸는 사람도 가치와 의미를 되찾게 해줬잖아요. 직업에는 천하고 귀한 것이 없습니다. 비교 안 하는 마음, 실체가 없다는 그 자리, 공이라는 그 자리를 이해하게 되면 첫째, 비교 안 하거든요. 직업이 좋다, 나쁘다는 비교를 안 하게 됩니다. 실체가 없는 공심空心으로 일을 바라보면 그 일에 대한 가치와 의미를 발견하게 됩니다. 그렇게 되면 자기 사람 챙기고 대립하고 갈등하는 마음도 사라져 공심空心으로 서로 협조하고 타협하면서 보람과 즐거움을 느끼게 됩니다. 그 일의 의미를 찾게 되는 겁니다.

그것이 발견된 사람은 직장에서 자기하고 생각이 반대되는 사람도 증오의 대상이 아니고, 미움의 대상이 아니고, 연민의 대상이 되는 겁니다. 저 사람이 나에게 불이익을 줘서 내가 화가 났다, 그러면 불이익을 받은 것도 억울한데 화까지 내서 내가 나를 구박하고 학대하는 어리석은 짓은 하지 않을 것입니다. 그러면 더 억울해지는 거죠. 그래서 저 사람이 나에게 불이익을 주고 화나게 만들더라도, 나는 내가 보호를 해야 합니다. 그런 생각을 내야 합니다. 그게 인욕입니다. 참아서 인욕하는 게 아니고, 나를 보호하기 위해 인욕하는 겁니다. 그러면 어떻게 보호하느냐, '나'라는 실체가 없다, '아상·인상·중생상'이라는 실체가 없다, 그렇게 보면 됩니다.

우리가 자기가 하는 일의 가치와 의미를 발견하고 직장 생활을 하게 되면 그 사람은 무한경쟁을 하는 게 아니라 무한향상을 하는 거죠. 지금과 같은 무한경쟁 시대에 서로 승진하려고 애쓰고, 별 불법적인 수단을 다 동원해서 목적을 성취하고 상대를 꺾으려는 직장 생활은 정말로 피곤하고 많은 스트레스를 받는 거죠. 그런데 무한경쟁이 아닌 무한향상을 하는 사람은 그 분야의 전문가가 되고, 주위에서 인정받아 무한히 자기 발전을 합니다. 귀천貴賤, 고하高下를 따지지 않고 다른 사람의 가치도 인정하며 무한히 향상하여 더불어 사는 사람이 되는 겁니다. 무한향상하는 사람이 많아야 좋은 직장이 되고, 좋은 사회가 되고, 훌륭한 국가가 된다, 그렇게 해야 합니다.

우리가 중도연기를 이해하는 것, 상대 개념에서 절대 행복으로 가는 것, 이것이 굉장히 중요한 겁니다. 실체가 없다는 것, 색이 공이다는 자리, 그 자리에 가면 둘이 하나가 되는 것이고, 평등한 자리이기 때문에 비교하지 않게 되는 것이죠. 평등한 그 자리는 아무 의욕도 없고 허망하고 그런 자리가 아니라, 비교하는 마음이 없어짐과 동시에 뭐가 나오느냐 하면 아주 밝은 지혜가 나옵니다. 밝은 지혜, 그래서 원시불교에선 지가 생겼다, 혜가 생겼다, 광이 생겼다, 명이 생겼다, 그렇게 말합니다. 그런데 대승에서는 지혜광명이 생겼다 한꺼번에 말해 버립니다. 지智·혜慧·광光·명明.

선종禪宗에서 '산이 물이 되고 물이 산이 된다'는 것은 더불어 살아가야 하는 그 이유를 말하는 것이고, '산은 산이고 물은 물이다'는 것은 자기 하는 일의 가치와 의미를 독립하고 자립하는 무한향상의 모습을 말하는 것입니다. 독립됨과 더불음이 원융무애하여 활발발하게 중도적인 삶을 살게 합니다. 선禪도 특정인의 전유물이 아닙니다. 모든 존재에도 보편되어 있고 모든 일에도 보편되어 있어 시간도 공간도 초월해서 영원합니다."

왜 정견이 중요한가?

오늘날 한국불교계 불자들의 기복신앙에 대하여 비판적이신데 그 문제점과 대안에 대하여 말씀해 주십시오.

—

"기복으로 그 기도가 성취됐다고 해도 그 행복은 어디까지나 상대적인 행복입니다. 행복과 불행이 계속 교차 반복되는 겁니다. 부처님이야말로 상대적인 행복은 다 가졌던 분 아닙니까? 그런데도 부처님은 그 왕자의 지위를 버렸잖아요. 그 이유가 무엇인가요? 그것은 시간과 공간을 초월한 절대 행복을 찾으셨던 거죠. 절대 행복을 추구하려면 밖으로 추구해서는 안 됩니다. 자신의 내면의 가치를 추구해야 하는 겁니다. 안에서 가치를 찾게 되면 밖의 것도 다 수용하면서 절대 행복으로 가는 겁니다. 밖의 것을 포기하는 게 아닙니다. 그것도 다 수용하면서 갈 수 있습니다. 그게 절대 행복입니다.

부처님 당시에 수달다(須達多, Sudatta) 장자가 있었습니다. 장자는 재산이 많은 부자였는데 부처님께서 무상·무아·무소유를 강조하시니까 고민이 되어 부처님께 여쭙니다. '재산을 어떻게 하면 좋습니까?' 부처님께선 '너는 더 가져도 좋다'고 하셨습니다. 수달다는

'급고독給孤獨'이란 별칭이 있습니다. 소외되고 외로운 사람에게 보시를 잘하는 사람이란 뜻입니다. 그만큼 수달다는 남을 위하는 것이 자기를 위하고, 자기를 위하는 것이 남을 위한다는 것을 잘 알고 있었습니다. 그렇기 때문에 부처님께서는 더 가져도 좋다고 한 것입니다. 이렇게 하는 것이 더 큰 것을 가질 수 있는 길입니다. 부처님께서 무소유를 강조하셨다고 모든 것을 버리라고만 하신 게 아닙니다. 부처님께서 말하는 절대 행복은 시간과 공간을 초월해서 지속되는 행복이니까 그것을 찾으라는 것이죠. 생로병사生老病死까지 진리로 보고 해탈할 수 있는 행복 말입니다."

오늘날 현대인들이 불교를 체계적으로 공부하려면 어떻게 해야 하는지요?
—

"첫째, 정견正見이 생겨야 합니다. 정견이 뭔가 하면 중도연기中道緣起로서 모든 것을 이해하는 능력이 생긴 것을 말합니다. 팔정도八正道에서 정견이 맨 앞에 놓여 있습니다. 정견이 없으면 그 뒤 나머지는 하나도 안 됩니다. 그러니까 팔정도도 정견으로 시작해서 정견으로 끝난다고 봐야 합니다. 정견이 생겨야 연기에 대한 이해가 생겨납니다. 중도연기에 대한 이해를 바탕으로 해서 나를 포함한 모든 존재를 이해할 수 있습니다. 그래서 우리가 그 자리에 가기 위해선 부처님이 본 연기관으로, 존재 원리를 보고 이해해야죠. 이해하고 그것이 좋은 줄 알고, 그것을 체험하려고 노력하는 것이 수행이거든요.

부처님이나 선지식이 살아 계신 시대에는 사람이 모델 역할을 했죠. 부처님을 보고, 선지식을 보면, '아 나도 저렇게 되어야 하겠다'고 생각하죠. 그런데 그런 선지식이 없는 시대에는 법에 의지할 수밖에 없는 거죠. 법에 의지하려면 이해를 해야 하거든요, 사람 모델을 보고 하는 것도 이해는 이해입니다. 사람을 보고 나도 저렇게 되어야겠다, 저렇게 되어야 한다는 '저렇게'가 바로 이해이죠. 이것이 부처님이 발견한 법의 내용입니다. 사람을 보고 이해하든지, 법을 보고 이해하든지, 그렇게 이해한 것이 정견正見인데, 정견을 세우면 가치관이 바뀌는 거죠. 가치관이 완전히 바뀌면 세상의 모든 고통으로부터 해탈하게 되는 것입니다.

현대 사회에서 그렇게 살면 불이익 받고, 바보 취급 받고, 왕따 당한다, 그렇게 생각하는 사람들이 많더라고요, 그런데 그것은 정견이 안 갖춰져 있기 때문입니다. 일반 사람들이 생각하는 그런 불교 이해는 오해입니다. 정견을 바로 갖춘 사람은 지혜로우니까 눈앞에 이익을 보는 게 아니라, 멀리 보고 널리 보고 공동의 이익을 위해서 행동하는 것입니다. 개인도 이익되고 남에게도 이익되니 모두에게 이익되는 거죠. 그것이 확장되면 시간과 공간을 초월하여 아상, 인상, 중생상, 수자상 없이 정말로 행복하게 살게 되는 거죠. 그런 사람이 사회생활을 하면 정말 잘 살 수 있을 거고, 그 집단에서 얼마든지 리더 역할을 할 수 있는 겁니다. 그러니까 불이익 받는다, 바보 취급당한다고 걱정하는 것은 정견도 안 갖춘 사람이 지레짐작으로 억측을 해서 무조건 착하고 남에게 양보하고 희생하는 게 불교라고 잘못 생각하는 거죠. 불교는 절대 그게 아닙니다. 불교는 어찌 보면 자기를 사랑하는 방법을 배우는 겁니다. 자기를 사랑하는 것이 남을 사랑하는 것이고 남에게 도움을 주는 것이다. 또 남을 사랑하는 것이 자기를 사랑하는 것입니다. 그걸 말하는 것이지 뭘 희생하고 그러는 게 불교가 아닙니다. 일반 사람들은 착하게 사는 게 희생한다, 손해 본다고 자꾸 생각하니까 불교를 오해하는 겁니다. 바로 보는 것이 정견입니다. 그래서 정견을 세워서 가치관을 바꿔야 합니다."

참선은 자꾸 비워가고, 놓고, 쉬는 공부

참선이란 무엇인가요?

—

"참선을 이야기하려면 오늘 하루 종일 이야기해야 하는데요. 예를 들어 봅시다.

'무엇이 불법입니까?'

'마른 똥막대기다.'

여기서 '마른 똥막대기'라고 일러줘서 질문한 그 사람이 깨달았다고 합시다. 그럼 그 '똥막대기'라 일러준 선지식이 있고, 깨달은 사람이 있잖아요. 이 두 사람이 뭐와 같은가 하면 백옥같은 맨살을 긁어서 상처를 낸 것과 같습니다. 똥막대기라 일러준 선사도 괜히 백옥같은 맨살을 긁어서 상처를 만든 것과 같고, 물어서 깨닫는 사람도 그와 같습니다. 그게 선禪입니다. 앞에서 이야기한 '양반이 쌍놈 되려고 하는 것'과 똑같은 겁니다. 이 일구一句의 세계는 모든 존재에 보편되어 있어 진리라 하고 삶이고 사실이고 본래 모습입니다.

그런데 일반 사람들이 이해하는 참선은 즉, 맨살을 긁어서 깨닫는 세계, 제 이구二句의 세계인데요. 제 이구의 세계에서도 순간적으로 깨치는 사람이 있고, 긴 시간이 필요한 사람이 있어요. 두 가지 유형이 있습니다. 순간에 깨치는 사람은 선사가 베푸는 방편에 바로 계합하는 영리한 사람입니다. 똥막대기라 하는 데서 탁 깨쳐버립니다. 상근기죠. 그건 의심하라고 한 게 아닙니다. 그런데 긴 시간이 걸리는 사람은 그게 안 되니까 '이게 뭐지?'하고 의심하기 시작하게 되

는 겁니다. 선사가 똥막대기라 했을 때 의심하라 해서
준 것이냐 하면 절대 그게 아니거든요. 바로 깨치라고
준 겁니다. 그러니까 조사 입장에서 부득이 그것도 둔
하게 깨달아 가는 길이 되니까, 어쩔 수 없어 그렇게
하는 겁니다. 절대 의도는 아닙니다. 그런데 흔히 화
두는 의심하기 위해서, 정신통일 하기 위해서, 참구한
다고 합니다. 그런 사람은 참선 근처도 못 간 사람입
니다. 분명히 동기가 다릅니다. 결국 의심하기 위한
의심이 되기 때문입니다."

화두란 무엇인가요?
—

"한자로 화두話頭는 '말할 화話'고 '어조사 두頭'입니
다. 그냥 말에 대한 가치를 나타내는 추상명사입니다.
공안公案이라고도 하고 고칙古則이라고도 하죠. 어떤
사람들은 화두와 공안을 다르다고 구별하는 모양인데
묻는 곳에 답이 있고, 답하는 곳에 물음이 있으니 구별
할 필요가 없습니다. '마른 똥막대기다', '뜰 앞의 잣나
무다' 하는 것은 깨치라고 말한(話) 것뿐이에요. 우리
가 일상에 쓰는 말은 상대적인 말이죠. 있다 없다, 너
다 나다, 가다 오다, 좋다 나쁘다. 그런데 '뜰 앞의 잣
나무다', '똥막대기다' 하는 말은 상대적인 말을 초월한
절대적인 말이거든요, 그게 진짜배기 말입니다. 그 절

305

대적인 말을 통해서 우리는 바로 그대로 깨달으면 됩니다. 공안도 공과 사를 초월한 공公, 고칙도 시간과 공간을 초월한 고古, 화두도 있다와 없다를 초월한 말 (話)입니다. 모두 같은 소리입니다. 그래서 그 말을 통해서 우리는 바로 깨달으면 됩니다. 그런데 깨치라고 제시하는 데 못 깨치니까, 하는 수 없이 의심하게 되는 거죠. 그렇게 하는 것도 둔근기들에게는 깨치게 하는 방법이니까 그냥 놔두는 거죠. 의심하라고 준 것은 아니라는 것을 분명히 알아야 합니다. 그런데 그냥 놔두면 또 잘못될까봐 『선요禪要』에서는 '숙맥菽麥도 모르고 노낭奴郎도 모르는 놈이 하는 짓이다'고 했어요. 콩하고 보리도 못 가르는 놈, 신랑하고 종을 못 가르는 놈을 말합니다. 그러니까 의심하는 것은 숙맥도 모르고 노낭도 모르는 놈이 하는 짓입니다. 그러니 선종禪宗은 철저히 상대 개념을 벗어나서 절대 그 자리에서 모든 것을 보고 행동하고 말하는 겁니다. 숙맥도 모르는 공부를 하면서 내가 최상승 공부를 하고 있다고 하면 그 의식구조에서는 목과 어깨에 기브스하게 되죠. 그런 스님과 신도가 많이 있잖아요. 폼으로 공부하기 위한 공부, 의심하기 위한 의심을 하면 되겠습니까? 안 됩니다. 순간 깨침과 참구 깨침도 방편입니다. 이건 손가락 불교입니다. 절대 그 자리에서 보면, 한 방망이 감이지만, 상대적인 말이 아니고 절대적인 말로 공부하는 것입니다. 참선은 자꾸 비워가고, 놓고, 쉬는 공부입니다. 물에 비친 달을 건지듯이 말입니다."

그러면 일반인들이 직장에서 업무하면서도 화두를 들고 수행할 수 있습니까? 일을 정상적으로 하면서도 화두를 들 수도 있다는 것인지요?
—

"처음 화두 공부를 할 땐 '나'라는 주관과 '일'이라는 객관이 많이 벌어져 있으니 어렵겠죠. 그런데 자꾸 공부를 하면 나와 일이 하나가 되듯이 일과 화두와 내가 하나가 될 수 있습니다. 깊이 들어가면 일하면서도 화두를 들 수 있습니다. 불교 삼매三昧의 특색입니다. 다른 종교는 삼매에 들면 모든 행위가 정지가 됩니다. 심지어 모든 생리 작용도 정지가 되지만, 불교 삼매는 모든 행위를 하면서도 화두를 들 수 있습니다. 이게 왜 가능하냐 하면, 우리가 성성적적惺惺寂寂 공부를 하기 때문에 가능한 겁니다. 적적寂寂 공부만 하면 그게 안 됩니다. 그러나 우리는 성성적적이기 때문에 얼마든지 가능합니다. 적적성성寂寂惺惺의 삼매는 오직 불교만의 삼매이고 바로 우리 존재 원리가 그렇게 적적성성으로 이루어져 있습니다."

선은 선택이 아닌 삶의 본질

최근에 '간화선看話禪의 위기', '선지식善知識의 부재', '중생과 떨어진 참선 수행'에 대한 비판이 적지 않게 나오고 있습니다. 이에 대한 스님의 의견을 듣고 싶습니다.

—

"현대인이 앓고 있는 병病의 근본 원인은 이기심利己心입니다. 나에 대한 집착에서 모든 문제가 파생됩니다. 어느 시대든 형태만 다를 뿐이지 시간과 공간을 초월하여 모든 고품는 이기심에서 생깁니다. 자기에 대한 집착에서 나오는 이기심 때문입니다. 옛날에는 윤리 도덕이 강조되던 시대라서 조금 완화되긴 했지만, 그것마저도 없어져 버린 자본주의 사회에서 병이 더 깊어지고 있는 것이죠. 이런 문제의 원인을 알아서 대처할 수 있는 대안을 우리가 내놓을 수 있다면 간화선의 위기가 올 턱이 없죠. 그러면 선禪이란 것이 필요에 의해서 특정인이 선택해서 하는 것이냐. 그게 아닙니다. 선禪이란 우리 삶의 본질입니다. 이것은 모든 생명에 보편되어 있습니다. 그래서 필수적으로 모든 사람이 선을 이해해야 하고 수행하는 삶을 살아야 합니다. 선을 통해서 자기 안에 평온을 찾고, 세상도 평화롭고 평등하게 해야 합니다. 그렇게 각자 자기 삶의 가치도 알고, 즐겁게 사는 세상이 되어야 합니다. 이것은 특정인이 선택해서 하는 것이 아닙니다. 생명을 가진 사람이라면 다 그렇게 살아야 하는 것입니다. 이렇게만 한다면 위기란 있을 수 없는 일입니다.

그런데도 간화선에 위기가 왔다면 누가 먼저 책임져야 하느냐? 일차적으로 스님들이 책임져야 하겠죠. 스님들이 그런 가치관을 이해하고 그렇게 살겠다고 서약하고 사는 승가의 일원이니까요. 불교를 전문으로 하겠다는 스님들이 그 가치를 제대로 알고 생활화하지 못하니 세상 사람들은 더 알 수 없는 것이겠죠. 이것은 우리가 반성해야 합니다.

그러나 이 간화선의 위기란 것을 특정 계층이 잘했다, 잘못했다 이런 차원을 떠나서 전체의 입장에서 봐야 합니다. 선이란 모든 존재에 보편되어 있기 때문에 특정 계층의 위기가 아니고, 인류 전체의 위기로 보아야 합니다. 계층 갈등, 이데올로기 갈등, 종교 갈등, 인종 갈등, 민족 갈등 등 모든 갈등을 보편된 존재 원리인 선의 입장에서 서로서로 인정하고 '전체(多)가 하나(一)고 하나(一)가 전체(多)'라는 것을 스님들이 가르쳐야 하는 데 그게 잘 안되고 있습니다. 그래서 이것은 간화선만의 위기가 아니라 전 인류의 위기라고 나는 봅니다. 제가 생각하는 대안은 우선 승가가 가치관을 전환하여 그 전환된 가치관을 추구하는 승가공

동체로 복원하고, 정말 수행과 교화의 본분사에 일로
매진하는 아름다운 수행공동체로 인류에 이익을 주는
모범을 보여 주면서 대안을 제시하고 설득해 나가야
한다는 것입니다. 우리 스님들부터 가치관을 전환하
여 그런 삶을 살아야 합니다. 우리가 이렇게 사니 정
말 좋다, 이 길이 평화롭고 행복한 길이다는 것을 보
여 주어야 한다는 겁니다."

근래 우리의 전통 수행법 이외에도 남방의 전통 수
행법인 위빠사나가 많이 보급되어 확산되고 있습니
다. 간화선 입장에서 위빠사나 수행법을 어떻게 보
아야 하는지요?
—

"선종 조사선의 특성은 부처와 중생을 나누지 않는
데, 위빠사나는 진眞과 망妄이 있고 부처와 중생을 나
눕니다. 선종禪宗은 철저히 진리에 입각해서 수행체
계를 만든 겁니다. 달이 있고 달을 가리키는 손가락
이 있는데 선종은 달에 의거한 종파이고, 손가락에 의
거해서 만든 것이 위빠사나라는 것이죠. 선종은 상대
를 초월한 절대 자리에서 하는 수행법이고, 남방 수행
법은 상대적인 입장에서 부처다 중생이다, 진이다 망
이다 등으로 상대적인 입장에서 하는 수행법이라고
볼 수 있습니다. 단순히 수행하는 방법의 차이로만 보

면 안 됩니다. 선은 절대에서 하는 것이고, 남방 수행은 상대에서 하는 것입니다. 그래서 조사선은 최상승선이라고 합니다만, 절대 자리에서 보면 자타自他, 우열愚劣, 귀천貴賤이 없는 최상승이 보편되어 있기 때문에 최상승입니다. 적적성성 성성적적으로 적과 성을 함께 쌍수한다는 데 동일한 점이 있으나 깨달음에서는 위빠사나는 점진漸進적인데 선종은 돈오頓悟적입니다. 이 말도 또 부정하는 것이 조사선祖師禪입니다."

근래 일반인 사이에 수행에 대한 관심과 분위기 확산되고 있습니다. 일반인들뿐만 아니라 불자들도 간화선, 위빠사나, 아봐타, 동사섭, 마음수련 등 다양한 수행법 사이의 관계나 우열에 대해서 답답해합니다. 전통 선의 입장에서 한번 정리해 주시면 고맙겠습니다.

—

"서양에서 나오는 이야기를 들어 보면, 그동안 그 사람들이 행복의 조건을 물질이나 과학 등이 발전하면 행복해질 것이라고 생각하다가 그 물질과 부, 과학의 발달 등이 더 인류를 불안하게 하고 공포에 떨게 만들고 있고, 그것이 행복을 주는 게 아니라는 인식이 퍼진다고 합니다. 그러니까 밖으로 행복을 추구하던 것에서 내면의 성찰로 돌아오고 있는 게 아니냐고 하더군요. 그런데 우리는 지금 그것을 쫓아가고 있으니 참 한심하죠. 그래서 서양사람들이 물질이나 밖으로는 안 된다, 그렇다면 인간의 내면 세계에서 뭔가해결할 수 없는 것인가 하고 동양 종교와 수행에 관심을 가지고 있다는 거예요. 우리 사회도 계속 불안하고경제 위기, 전쟁 위기도 날로 가중되니까 뭔가 행복의조건을 내면 세계에서 찾게 되는 거죠. 어떻게 하면마음의 평안을 얻을 수 없을까 하고 수행에도 관심을가지는 것입니다. 이것은 좋은 현상입니다. 그런데이럴 때 절대 행복의 길, 정법正法으로 바로 가야 하는데 그런 흐름에 편승해서 호구책을 삼는 나쁜 흐름도나오게 되는 겁니다. 수행이 상품화되는 겁니다. 말이 안 되죠. 그런 나쁜 흐름에 빠진 피해자도 엄청나게 많습니다. 그런데 신흥종교만이 문제가 아니라 기성종교도 그런 흐름이 없지 않아요, 그게 문제입니다.

어찌 보면 지금은 수행 방법의 혼란기라 볼 수 있습니다. 그래서 지혜롭게 선택을 잘해야 합니다. 수행이 상품화되는 게 제일 문제입니다. 정법正法도 상품화하면 사법邪法이 되어 버립니다. 그러니 지혜로운선택이 필요하죠. 불교 수행은 쌓고 얻기 위해 하는게 아니고 자기를 버리고 비우기 위해서 하는 겁니다.이것이 최고 중요합니다. 그게 철저히 되려면 유형무

형의 모든 존재가 실체가 없다는 것을 이해하고 알아야 합니다. 정견正見을 갖추고 발심發心해서 바른 수행을 해야 합니다."

경계를 없애지 않고 자기를 없애는 삶

우리 사회에서 자본주의제도가 발전하면서 개인 간의 경쟁이 격화되고 경쟁에서 밀려난 사람들은 자포자기하여 자살하는 경우가 늘어나고 있습니다. 이런 경쟁 위주의 삶이 질서가 되고 있는 현실에서 불자라면 어떻게 살아야 하는지요?
—

"앞서도 말씀드렸듯이 '무한향상無限向上'의 자세가 필요합니다. 정견正見을 세우고 발심發心하면 자기 하는 일의 의미와 가치를 알게 됩니다. 그러면 거기에는 경쟁심이 없습니다. 자기가 하는 일이 가치가 있고 의미가 있으니까 그냥 즐겁고 열심히 하게 되는 겁니다. 그러니까 거기에 무한향상이 가능하지요. 그렇게 되면 그 사람에게는 자기 일 자체가 굉장히 즐겁겠죠. '무한경쟁無限競爭'하는 그런 삶은 잘못된 삶의 방법입니다. 그것은 절대적인 입장에서 삶을 사는 게 아니고 상대적인 입장에서 삶을 사는 거죠. 상대가 있으니까 계속 대립, 갈등, 투쟁이 끝나지 않는 겁니다. 불교에서 말하는 연기관으로 정견을 세워서 발심하면 그런 상대적인 삶이 아니고 절대적인 삶을 살 수 있습니다. 상대를 초월한 절대적인 삶을 살면 상대와 경쟁하는 게 아니라 남도 도움이 되고 자기도 덕이 되는 그런 절대 향상으로 가는 삶이 됩니다.

그런 삶을 살면 거기에서 가치와 의미가 깨달아집니다. 거기에는 일체의 대립이나 갈등, 투쟁이란 게 뭔지 모르게 됩니다. 설사 그게 있다 하더라도 적대감을 갖거나 누굴 미워하거나 증오하지 않게 됩니다. 누가 나를 미워하더라도 그런 원인을 제공하는 사건이나 원인을 연민으로 보죠. 연민으로 보면 나의 감정도 순화되고 정서도 안정되어 자기 정화가 됩니다. 그런데 거기에 증오심, 적대감 이런 게 나오면 자기 존재 원리를 파괴하고 학대하고 구박하는 그런 삶을 살게 되는 거죠.

그러니까 상대 문제가 아닙니다. 내가 문제이지. (『서장』에) 이런 말이 있습니다. '지혜로운 사람은 경계를 없애지 않고 자기(마음)를 없애는 삶을 살고, 미련하고 어리석은 사람은 자기(마음)는 그대로 두고 경계를 없애려고 노력하는 사람이다.' 그 경계를 없애려면 한두 개겠습니까. 경계가 하루에도 천 개, 만 개나 될 텐데 그걸 없애려면 지쳐서 자기가 죽게 됩니다. 그걸 그대로 두고 자기만 없애면 다 없어지잖아요. 이런 삶은 생사生死도 초월해서 매일매일 좋은 날이 될 것입니다."

한국사회가 갈등이 심화되고 북한과 미국의 전쟁 가능성도 날로 높아지는 등 어려운 상황으로 가고 있습니다. 불교사상의 입장에서 이런 난국을 해결할 수 있는 가르침을 주신다면? 개인의 문제는 가치관을 바로 잡아 해결하면 되는데, 사회제도적인 문제, 즉 계층 간의 문제, 나라와 나라 사이의 문제는 어떻게 해결이 가능한지요?

—

"이것도 마찬가지입니다. 정견正見을 세우고 발심發心해서 무한향상無限向上의 입장에서 사회의 모든 문제를 적극적으로 해결하려고 노력해야지요. 그리고 미련하게 안 되는 걸 자꾸 밀어붙여서 더 대립하고 갈등을 심화시키는 것도 지혜가 없는 거죠. 때로는 참고 적응할 줄도 알고 강약도 조절해 갈 지혜가 필요합니다. 예를 들면 북한 핵문제 같은 것도 적대감으로 대하는 게 아니고 하나된 입장에서 평등하게 대해야 하는 거죠. 대량 살상무기를 만들고 잘못하면 한반도를 파괴하는 동족을 말살할 수 있는 미련한 길로 가고 있잖아요. 그 방법이 적대감이나 대립하는 입장에서 자꾸 하다 보면 그런 문제가 더 심화되어 정말 대량 무기를 사용할 수도 있거든요. 그러므로 우리의 시각을 고쳐야 합니다. 하나된 입장에서 평등한 입장에서 또 적대감을 안 가진 입장에서 증오심 없이 연민의 정으로 그 사람들을 보면서 그 사람들이 바른 길로 가도록 해야 합니다. 그러면 무한정 그렇게 유화적으로 해야 하는 거냐? 무한정 유화정책만 사용해서 가능하겠나? 그러면 부처님은 그렇게 유화정책만 썼느냐? 부처님도 유화적으로 하시면서, 또 한편으로 위엄으로 대하는 방편을 사용하셨어요. 서산, 사명 스님도 살상하는 전쟁에 참여하셨잖아요. 그러면 그게 자비가 아니냐? 그것도 자비입니다. 가령 서산, 사명 스님과 이순신 장군하고 다른 것은 이순신 장군은 그 전쟁한 바탕에 충효사상이 있습니다. 이순신 장군의 충효사상은 우리나라 우리 국민, 남의 나라 남의 국민을 나누어 상대적인 입장에서 전쟁을 했죠. 그러면 서산·사명 스님은 우리나라 우리 민족, 남의 나라 남의 민족으로 나누었느냐? 두 스님은 민족과 국가를 초월하여 상대를 초월하여 전쟁했습니다. 부모가 자식이 잘못하면 체벌하지 않습니까? 그런 입장에서 전쟁을 하였습니다. 아프리카에서 슈바이쳐 박사가 어떤 아이가 잘못해서 머리에 꿀밤을 한 대 주니까 관광객이 그걸 보고 폭력을 썼다고 성자가 아니라고 했다는데 그

분이 정말로 아이가 미워서 폭력을 썼겠습니까? 사랑과 자비를 바탕으로 한 겁니다. 같은 전쟁이라도 연민과 자비가 바탕이 되어서 한 거하고 상대 개념에서 적아를 나누어 적대감과 증오심으로 한 거는 내용이 다릅니다. 사회에서도 문제가 발생할 때, 계층 간에 문제가 생겼을 때, 가령 정부가 정책을 잘못하고 독재를 한다고 할 때 그걸 적개심으로 증오심으로 하면 안 되겠죠. 하나된 입장에서 평등한 시각에서 연민으로 대해야 합니다. 자비로 해야 합니다.

이렇게 하면 불교는 무조건 순응하고 적응하고 유화적으로 하는 것으로 이해하는데 그것만이 불교가 아닙니다. 그때그때 상황에 따라서 강온을 쓰되 바탕은 자비로 해야 합니다. 어떤 방법으로 하느냐는 그때 상황에서 가장 적합한 방법으로 자비로 연민으로 하는 것이 불교입니다. 부처님도 당시 인도의 사성 계급 제도가 잘못되었다고 완전히 혁명하셨잖아요.

인간사회에는 개인 업業도 있지만, 공동 업도 있고 시대 업도 있습니다. 가끔 개인 업도 보지만 공업을 보게 됩니다. 우리나라의 공업共業은 집단 이기심利己心이 제일 문제입니다. 흔히 지역 갈등, 계층 갈등, 남북 갈등 등으로 나타나는데 본질적으로는 집단 이기심, 개인 이기심에서 나온 것입니다. 이것이 있는 한은 국가가 발전할 수도 없고 사회가 안정될 수도 없고 그러니까 혼란은 계속되는 겁니다. 집단 이기심을 공동 이익을 위하는 의식으로 바꾸어 나가야 합니다. 최선을 다하고 지혜를 개발해서 대처해야죠.

흔히 불교를 '비폭력 자비의 종교'라고 하는데 비폭력이 폭력을 사용하지 않는 게 비폭력이 아닙니다. 자비慈悲로 하는 게 비폭력입니다. 밖의 모양이 아니고 그 정신 즉 공空·무아無我의 정신이 중요하죠. 일체 차별이 떠난 그 자리, 평등한 자리, 그 정신이거든요. 그러면 거기에는 상대가 없는 자리잖아요. 상대가 없으니까 공허하고 허무한 자리가 아니고 그 상대가 없는 그 자리가 공동의 이익을 위하는 공동체 의식의 그 자리입니다. 나도 잘되고 남도 잘되는 그런 지혜가 거기서 나옵니다. 공동의 이익을 위해서 수단으로 그렇게 하는 것이 아니고 우리의 존재 원리가 그렇게 되어 있으니 꼭 그렇게 살지 않으면 안 된다는 것입니다."

스님, 그런데 만약 부시 대통령이 이라크와 전쟁하면서 자비로 하는 거라고 선전하면서 전쟁할 수도 있을 거 같은데요
—
"자비를 이용하면 더 나쁜 사람이죠. 지금 부시는 그런 거는 아니잖아요. 부시는 테러를 힘으로 대응하겠다는 거죠. 예를 들어 나한테 테러라는 불이익을 주니

나는 그 테러라는 가능성을 없애기 위해서 그 사람들과 그 집단을 없애야겠다는 것이잖아요. 그러니까 상대편이 나에게 불이익을 준다고 대항하는 거잖아요. 남이 나를 화나게 했다고 나도 같이 화를 내게 되면 그것도 결국은 자기를 학대하고 구박하는 것입니다. 이런 악순환을 나는 '부시 형型'이라도 합니다. 부시 형型, 그게 일반 세계의 대응 논리고 삶이죠. 그게 상대적인 입장에서 사는 삶입니다. 이데올로기 갈등, 종교 갈등, 인종 갈등, 민족 갈등 이런 것이 모두 상대적인 입장에서 사는 삶에서 나오는 거죠. 흑인이다 백인다, 기독교다 이슬람이다 이런 상대적인 삶은 모두 부시 형의 삶입니다. 우리가 말하는 절대적인 삶의 입장이라면 자비와 연민으로 공동의 이익을 위하여 최선을 다하는 삶이 될 것입니다."

마지막으로 『법회와 설법』은 주지스님들께서 보십니다. 주지스님들께 한 말씀 해주시길 바랍니다.
—

"그러니까 상대 세계가 아니라 절대 세계로 가서 경계에 끄달리지 않고 지배받지 않고 시간과 공간을 초월하여 매일매일 좋은 날을 만드는 길은 참선만 있는 게 아닙니다. 봉사를 통해서도 됩니다. 육조 스님이 그렇게 하셨습니다. 육조 스님이 출가 전에 당신 어머님에게 극진한 봉사를 하시다가 출가했습니다. 또 행자로 대중을 위해 그렇게 열심히 봉사하시면서 밤중에 오조 홍인 스님 방에서 결국『금강경』구절을 듣고 깨치신 거잖아요. 육조 스님이 참선만 하셔서 깨친 게 절대 아닙니다. 봉사가 자기희생이 절대 아닙니다. 봉사란 첫째 자기한테 봉사하는 것이고 신도한테 봉사하고 대중한테 봉사하는 것입니다. 그렇게 하면 저절로 절대 세계로 가는 겁니다. 그걸 뒷받침하고 있는 경전이 『금강경』입니다.

　불교 공부는 전부 자기를 비우는 것입니다. 세상 사람들은 무엇을 쌓는 것이 행복인 줄 아는데, 그건 상대적인 행복으로 가는 거고, 불교에서 말하는 비우는 무아無我의 행복은 행, 불행이 교차하는 행복이 아니고 시간과 공간을 초월하는 절대적인 행복입니다. 절대적인 행복으로 가는 길인 봉사는 희생이 아닙니다. 남에 대한 봉사가 자기에 대한 봉사입니다. 자기에 대한 봉사가 남을 위한 봉사입니다. 결국 참선도 자기와 남에게 함께 봉사하는 수행입니다."

박희승, 월간『법회와 설법』2003년 9~10월호.